突擊精選系列 ⑭

# 隆美爾的銅牆鐵壁

# 大西洋壁壘

●盟軍登陸的一個灘頭,如今這裏芳草萋萋,只是地面上的彈坑無聲地訴說著當年連天的橫遍野的慘烈.。

●當年盟軍登陸作戰留下的巨大彈坑。

●諾曼第登陸作戰的猶他灘頭,如今這裏成了觀光勝地。

●一個深埋入地下的岸防堡壘。

●這裏現在修築的海岸公路,已經把諾曼第登陸的幾個灘頭連起來了。

●砲臺,障礙物保留著舊日的模樣,不遠處是海岸公路。

●如今這裏的堡壘依舊,戰爭的情景恍如昨日。

●這裏的海灘靜悄悄,湛藍的大海,很難想像當年這裏的狼藉。

●斑駁的牆壁,這個無名的岸防堡壘,向人們講述著當年戰爭的慘烈。

●德軍當年的砲臺還在那裏守望著,只是來看望它的都是和平的人們。

●德軍設置的障礙物。

●博物館裏展示的當年德軍西線防禦使用的彈藥。

●盟軍在二戰後期開始取得西線的制空權,開闢第二戰場的時機日益成熟,德軍西線面臨的愈來愈嚴峻的防禦形勢迫使德軍加強工事。

●曾經在閃擊西歐的作戰中戰功卓著,在非洲一戰成名,被稱為「沙漠之狐」的隆美爾元帥(右)。

●西線德軍最高指揮官隆德斯元帥(右)在和兩位部下研究戰場形勢.中為B集團軍群司令隆美爾元帥,右
為G集團軍群司令布拉斯科維茨上將(Blaskowitz)。

●隆美爾的到來,使得工事的設置以及進度大大加速,因此,從某種意義上說,大西洋壁壘是隆美爾的。

●盟軍高級將領開會研究如何突破隆美爾的大西洋壁壘,史達林一直強烈要求開闢第二戰場,以緩解東線蘇軍的巨大壓力。

●登陸的制空權至關重要,能夠有效地壓制德軍地面部隊的行動,使動態的防禦體系變為靜態被動的堡壘群。

●這是隆美爾在法國海岸一個小村旁修築的防登陸設施。

●迪耶普的反登陸作戰的勝利,反而增強了隆美爾的信心。

●堡壘前面佈滿了防禦步兵的鐵絲網和障礙物。

●一個典型的水泥結構岸防設施。

●偽裝成別墅的岸防砲,窗戶和窗簾都是畫上去迷惑盟軍偵察機的。

●一個閑靜的小院暗藏殺機,其實小屋是一個629型戰防砲 掩體。

●這些漂亮的結構下面,其實是一組岸防設施.德軍的防禦設置與環境渾然一體,其效果就不得而知了。

●遍佈障礙物的海灘.這些工事給盟軍後來的登陸作戰造成了很大的殺傷。

●諾曼第登陸猶他灘頭的空中俯視情景。

# 序

　　早在1941年12月，即德軍在莫斯科城下開始遭到失敗的時後，希特勒就擔心盟軍可能在西歐登陸，下令從挪威到西班牙沿岸構築一道防線，由相互支援的堅固支撐點組成，稱為「大西洋壁壘」。1943年11月，希特勒派隆美爾元帥到西線徹底檢定和加強「大西洋壁壘」海防。隆美爾首先巡視了丹麥一段海岸，接著觀察了法國一段防線。結果令他大為震驚。大肆宣揚的「大西洋壁壘」，與其說是不可逾越的工事，不如說是戈培爾吹噓宣傳的產物。沿岸只有少數地段修築了一批相距很遠的堅固支撐點，多數地段的防禦設施不是形同虛設就是根本就沒有修築。隆美爾立即著手加強「大西洋壁壘」的防禦工事，在他的督促下，德軍加快了防禦設施建設。並在海灘高低潮水線下設置了鐵（木）樁、混凝土多角體等障礙物；在靠近海岸線的前沿陣地上佈設了地雷帶；在海岸縱深的開闊地帶豎立了防滑翔機木樁。但是由於時間短促，隆美爾的防禦設施建設計劃遠沒完成，除了加來地區的工作進展較快外，諾曼第卻沒有太明顯的成果，海底障礙物僅在高水位地帶完成，反空降設施才剛剛開始動工。

　　到1944年5月底6月初，西線德軍兵力共58個師，飛機500餘架，100艘潛艇和500餘艘輕型艦隻。地面部隊分為B、G兩個集團軍群和一個西部裝甲集群，由德軍西線總司令倫斯德元帥統一指揮。其中B集團軍群35個師，由隆美爾元帥指揮，轄有第15集團軍（兵力為4個軍17個師）、第7集團軍（兵力為3個軍15個師）和獨立第88軍（兵力為3個師），部署在荷蘭到法國西海岸線上；G集團軍群13個師，由布拉斯可維茲將軍指揮，轄有第1集團軍和第19集團軍，部署在法國南部和西南部海岸；西部裝甲集群轄有10個裝甲師，由吉爾將軍指揮，其中4個裝甲師撥給隆美爾的B集團軍群，其餘6個裝甲師作總預備隊，由希特勒直接調動。

　　本書從多個角度記述了大西洋壁壘的由來、建造過程、參與人員，以及經受盟軍進攻之矛考驗的歷史。全書配有大量圖片、補丁，力求生動形象地展現西線固若金湯的防禦體系由設置到被突破的全過程。

# 目　錄

# 大西洋壁壘

　　自亞當夏娃被逐出溫暖安適的伊甸園開始，追求安全感的鬥爭就伴隨著人類的整個歷史。從山川溝壑到藤牌木盾，一切自然和人工的物體都被用來增加防禦的可靠性。這一切發展到20世紀，科技的進步已經削弱了防禦與進攻的絕對隔閡，強大的火力也被用來增加防禦的厚度，終於催生出一條空前恐怖的漫長壁壘。

　　20世紀40年代初，環繞大半個西歐海岸的灘頭，沒有嬉戲的婦女兒童，沒有浴場泳池，沒有任何多餘的顏色、形狀和聲音，有的只是寂靜，死一樣的寂靜。在這寂靜後面，隱藏的是如山的火砲、如海的地雷、錯綜複雜的坑道和洞穴工事、數十萬沉默的士兵——一切人類可以想到的恐怖屠宰工具，目標是來自大海另一方的、和他們一樣的人類……而這一切又在最長的一天中灰飛湮滅，只留下一些遺跡，告訴人們此地曾經發生過的殺戮，除此之外，這一切留下的只有數字——沒有任何多餘的顏色、形狀和聲音，只是冰冷而「理性」的傷亡數位。

# 第一章「海獅」計劃的副產品

深溝高壘是人類在冷兵器時代最有效的防禦手段之一，中國的萬里長城便是其代表作。即便進入了熱兵器時代，連綿不絕的堅固的永備防禦工事和要塞群構成的防線使得可怕的「塹壕戰」依然佔據了第一次世界大戰的主導地位。從現代人的角度來說，冷戰時期雖然在人們心中鑄起了一道無形的牆，但這道隔離牆畢竟只有柏林牆是真實存在的，從現實的角度來考慮，大西洋壁壘無疑是歐洲人在歷史上建造過的規模最大的防線。雖然法國人和德國人分別修建了馬奇諾防線表格和齊格菲防線【註釋1】，但大西洋壁壘5000公里的長度（從挪威北部沿著海岸線南下一直到西班牙）、佈置的障礙物數量、雇傭的勞工數量、耗費的水泥以及鋼材數量都是絕對空前的，可以說，它的出現讓歐洲的其他防線都相形見拙。

1940年，希特勒的第三帝國在佔領法國後達到了巔峰，英軍在敦克

●馬奇諾防線上某處碉堡群的照片。耗費鉅資建造的馬奇諾防線實際上未能發揮作用，那麼被寄託了同樣的希望，遠比馬奇諾防線守備區域漫長得多的「大西洋壁壘」，又能有多少值得期待的地方，能指望發揮多大的作用呢？但是對元首來說，不管有什麼作用，似乎是不能不修的處境……雖然指望沿著德占歐洲的海岸建築一條壁壘這點本身，已經夠荒謬的了。

【註釋1】

　　齊格菲防線是德國於第二次世界大戰前在其西部邊境地區構築的築壘體係。德國人通常稱之為西牆防線，有時亦稱齊格菲陣地，其他國家多稱之為齊格菲防線。構築齊格菲防線的目的是為了掩護德國西線，並作為向西進攻的屯兵場。防線工程於1936年德國佔領萊茵蘭之後開始構築，防線從德國靠近荷蘭邊境的克萊沃起，沿著與比利時、盧森堡、法國接壤的邊境延伸至瑞士巴塞爾，全長達630公里。防線由保障地帶、主要防禦地帶和後方陣地組成，縱深35～75公里。工事構築的特點是工事小，數量多，結構較簡單。總共構築永備築城工事約14000個。包括得到鋼筋混凝土和裝甲加強的機槍、火砲工事及指揮所、觀察所、人員掩蔽部、彈藥庫等。主要的障礙物有「龍牙」(多列角錐形鋼筋混凝土樁砦)、反戰車壕及有刺鐵絲網，地雷爆炸性障礙物設置也較廣泛。儘管防線從未真正意義上完工，但在1944年9月，當盟軍從西線向德國本土進攻時，德軍依託這一條半成品防線還是阻滯了盟軍的行動。直到1945年2月盟軍重新發動進攻時，該防線終被全線突破。

爾克大撤退後全面收縮，希特勒妄想在歐洲大陸殲滅英國軍隊的夢想破滅。在邱吉爾發表了要永遠戰鬥的演說之後，對英倫三島始終存在幻想的希特勒決定實施「海獅」計劃。很快，德軍便踏上了大不列顛王國的領土，旨在奪取靠近歐洲大陸的英吉利海峽群島的「綠箭」行動在短短4天內就完成了。雖然這些島嶼後來成為了大西洋壁壘的一部分，但希特勒下令奪取島嶼的出發點卻是將它們作為攻佔英國的前沿基地使用。

英國方面早已知道德軍將對群島發動進攻，在經過激烈的爭論和動搖後，為了保存實力，英國還是決定放棄這些島嶼，撤出了那裏的駐軍。但德軍卻不知英國撤軍，6月28日，德軍空軍轟炸了根西島上的聖彼得港和澤西島上的聖赫利爾。

　　6月30日，由德軍第216師396團2營營長阿爾佈雷特·蘭茨少校指揮的前鋒部隊和海軍小分隊由運輸機直接空運到了根西島上的機場，由於沒有任何抵抗，所以他們輕鬆地佔領了根西島，隨後澤西島、奧爾德尼島、薩克島以及無人居住的赫姆島、布拉秋島等先後落入德軍手中。德國人很快便在海峽群島上大興土木，各類工事如雨後春筍般冒了出來，儘管它們的初衷是被用來作為前進基地而不是防線的組成部分。

最終，一直到1945年5月9日島上的德國駐軍向盟軍投降，這些島嶼才得以解放。

1940年7月，希特勒要求在法國沿岸的加來─布洛涅一線建設4個重型海軍砲臺，這項建造任務被交給了德國公共建設部門即托特組織，時任托特組織副總司令的弗朗茲‧沙維爾‧道斯科中將在戰後的回憶錄中提到了這4個砲臺的建造過程：

「在建造完西部防線後，托特的首要任務是在格里斯-納茲角建造重型海軍砲臺【註釋2】，根據海軍作戰司令部的通告，建造這些砲臺是『海獅』計劃的一部分，用於為將來登陸英國的部隊提供必要的火力支援，1940年12月23日，希特勒視察了這些砲臺，在視察過程中，希特勒表示他並未對海獅行動進行過認真的考慮。但就算不考慮海獅行動，這些重型砲臺在封鎖英吉利海峽、打擊敵方艦艇上還是非常有威懾力的。砲臺的位置由海軍司令費舍爾上將親自選定，建造工作由位於奧登堡的托特總部負責，並由我負責監督。當時，負責建造這些砲塔的工人全部住在布洛涅西南15公里處的艾達普港原先英國軍隊的兵營中。」

在16號指令中，希特勒對這些砲臺作了如下的描述：

「……為了封鎖英吉利海峽，大量的砲臺應該儘快出現在多佛海峽沿岸【註釋3】，另外為了加強火力的機動性，可以考慮在海峽沿岸佈設

【註釋2】

剛開始希特勒要求這些砲臺為非永久性工事，鋼筋混凝土厚度只要2公尺厚，托特組織在8周內完成了施工。此時砲臺是處於敞開狀態的，在砲臺投入使用後，希特勒又要求將砲臺改為永久性防禦工事，即在砲臺上加上3.5公尺厚的鋼筋混凝土防護外殼，而且要在不影響其正常運轉的情況下施工，第一期工程共澆注了3萬立方的混凝土，第二期工程由於要考慮到不影響砲臺的正常使用，施工方案比較複雜，最後一直拖到1941年春才完工，共澆注了13萬立方的混凝土。

【註釋3】

這裏說的多佛海峽位於英吉利海峽東北處，其實英吉利—多佛海峽由英吉利海峽（法國稱拉芒什海峽）和多佛海峽（法國稱加來海峽）組成，多佛海峽和英吉利海峽其實是一條，但歷史上一直分為兩個海峽，多佛海峽最窄處只有33公里。

●德國前無畏艦「石勒蘇益格·荷爾施泰因」號的主砲——280mm/40 (11") SK L/40，屬於第一次世界大戰時期的「遺物」。在第二次世界大戰期間，其同類火砲已經不能適應戰爭需要，但還是有相當價值，也就是被充當要塞砲，或者海岸防禦火砲。

鐵軌，鐵道砲可以直接開到海濱進行火力支援，除此之外，還可以在海岸線上佈置一定數量的超級重型火砲，以有效威懾英國海軍的活動，這些混凝土砲臺的建造工作由托特組織負責……」

作為「海獅」計劃的一部分，無論是德軍統帥部還是希特勒本人都是十分贊成封鎖多佛海峽的，1940年7月15日在柏格霍夫召開的專門會議上，希特勒強調為了支持「海獅」計劃，陸軍和海軍要拿出每一門重型火砲，並且在最短的時間內在多佛海峽沿岸建立起砲臺。

德國海軍將領估算大概需要3個月時間來建設這些砲臺，建設交由托特組織負責，7月22日砲臺的建造工作正式開始。著名歷史學家皮特·欣克在他的《入侵英格蘭1940》一書中對建造過程作了如下的記載：

「……位於皮爾勞的砲臺在拆除後又在加來地區重新建造，至7月31日，已經有3門火砲可以投入使用，8月初，4門裝備了280mm口徑重型火砲的迴旋砲臺投入使用，另外列車砲也開始運作。沒幾天，6門K5重型火砲又運抵了2個正在建設的砲臺，接著又有210mm口徑的K12重型火砲運抵。當然，這些大口徑的火砲主要用來攻擊對面的英國本土，而

●（上）210mm的K39型岸砲，照片拍攝於盟軍佔領之後。（下）280mm「短布魯諾」，它的正式型號為SKL/40 M06重型岸防砲，取自德國海軍的老式主力艦。德國人按照身管長短來為這些取自軍艦的「布魯諾」區別，分別為「短」、「重」和「永久」。

小口徑的則用來打擊海上目標。大口徑火砲包括：安裝在2個砲臺上的8門280mm的『短布魯諾』【註釋4】，2門280mm口徑的『重型布魯諾』，3門280mm口徑的『永久布魯諾』，這些火砲大部分都在瑟堡組裝。除此之外，在加來地區還佈置了6門240mm的K3，6門捷克造240mm口徑火砲和10門210mm口徑的K39火砲⋯⋯」

　　隨著德軍在不列顛空戰中失利，「海獅」計劃也被無限期推遲，希

● （上）1942年8月佈置在比利時澤布呂赫的名為新布魯諾（New Bruno）的列車砲，口徑280mm，光砲身就重達280噸。翻遍了所有的庫存武器，將被占國的剩餘武器也一併「收繳」之後，對於防線長達5000公里的「大西洋壁壘」而言現有火砲數量仍舊遠遠不夠。於是，佈置各種可以依靠鐵軌來機動的重型列車砲就成了一種不錯的選擇。

（下）德軍士兵搬運新布魯諾列車砲的彈藥，這需要專用起重機來完成。

【註釋4】

　　1917年，德軍開始裝備名為布魯諾的新一代L/40火砲，這種砲原先用於海軍巡洋艦，後來因為開發了新型的C/1901型火砲，布魯諾火砲轉入岸防，德軍前前後後總共製造了20門該型火砲，一戰結束後，該型火砲有部分被繳獲，但德國隱藏了大部分，希特勒上臺後，命令克虜伯公司重新生產這些大型火砲並投入使用。這些火砲的性能各不相同，其中短布魯諾射程為29.5公里，永久布魯諾射程為36.1公里，重型布魯諾射程為37.8公里，射程最遠的為新布魯諾，射程達46.6公里。

特勒的注意力則轉向了東方。雖然德國空軍沒有能夠征服英國皇家空軍，但面對逐漸沒落的英國，一向狂妄自大的希特勒並沒有將英國放在眼裏，所以此時他還未真正想過在西線系統地建設防線，倒是為了配合狼群作戰，在西線的布列斯特、洛里昂、聖納澤爾、拉帕利斯等港口建立起了潛艇基地。

8月中旬又有3個砲臺開始運作：首先是弗里德里希‧奧古斯特砲臺，裝備了3門305mm口徑的火砲，其次是海因里希親王砲臺，裝備了2門280mm火砲，接著是配備2門240mm火砲的歐登伯格砲臺。此時漢堡砲臺和約克砲臺建造已經接近尾聲，到9月份，齊格菲砲臺也已經完工（配備2門380mm火砲）。砲臺的快速建造讓希特勒非常高興，為了表彰托特組織，希特勒下令將最後完工的齊格菲砲臺改名為托特砲臺。除此之外，德軍還在荷蘭—比利時—法國沿岸部署了444門各式小口徑火砲，這些火砲主要用於保護港口和航線。同時為了配合這些重型火砲，德軍在法國白鼻角、阿爾普利奇角、坎拉哈格、安提非角等地都部署了雷達站。

希特勒對這些砲臺的建造非常關心，多次親臨施工現場，用他那極度善於鼓吹的嘴為工地上的德國士兵和工人打氣。希特勒喜歡坐火車，每次前往這些砲臺都是坐火車，但坐多了就容易暴露，英國情報人員將希特勒將要出訪法國沿岸的消息發回了英國，皇家空軍立即派出飛機進行轟炸，1940年12月23日，希特勒的專列在布洛涅地區遭到了皇家空軍戰鬥機的轟炸，不過希特勒命大，在防空工事內躲過此劫。

●德軍在大西洋防線上使用的巨型電子測距裝置，結合外面的火力控制杆，這個測距裝置能夠覆蓋342度範圍。

## 第二章　大西洋壁壘的由來

　　雖然當時德國最高統帥部還未提出大西洋壁壘這個名稱，但從這個階段建造的砲臺數量來看，從某種程度上來說這可以看作是大西洋壁壘的第一階段建設，因為這些砲臺無論是從位置分佈還是從單個砲臺內部的佈局來說，都跟當時德國建造的齊格菲防線有著很多的相似之處。拿比利時境內的砲臺來說，雖然比利時境內的港口規模比較小，布蘭肯柏、澤布呂赫、奧斯坦德以及紐波特等港口在規模上無法和法國的港口相比，但在「海獅」計劃準備階段，德國就在此佈置了為數眾多的海軍砲兵陣地和德國陸軍的一些小口徑火砲，以法國沿海為中心，其餘國家為兩翼的防線雛形初現。另外從德軍的海岸砲臺配置圖可以看出，每個砲臺都設置有觀察哨、指揮所、彈藥庫和兵營，另外還配有防空火砲和探照燈、雷達等設備，從佈置上看可以發現德軍當時有長久駐紮的意圖，這都與永久性的防禦工事的佈置相同。

　　當然英國方面對這些都一清二楚，溫斯特‧邱吉爾在他的二戰回憶錄第二卷中有著如下的記載：

　　「……從8月到9月，我們一直在密切地關注海峽對岸的德軍砲臺的進展，情報顯示，德軍在加來地區和格里斯-納茲角砲臺密度最大，德軍的

● 一個邱吉爾所述的「使用的是繳獲的火砲」的德軍海岸砲臺，圖中這個砲臺內安裝的是法制155mmK220(f)型加農砲，這是一種第一次世界大戰中法軍普遍使用的火砲。同類型砲臺都採用直接安放火砲的模式，而不安裝固定式的砲臺和基座。儘管許多人自作聰明地附會為「德軍考慮到將火砲移作其他用途」的考慮，但實際上這只是為了簡化砲壘的工序或者「廢物利用」。

意圖很明顯，阻塞海峽，同時在最近的距離上能夠發起砲火攻擊，在法國海岸線上，至8月底德軍至少已經佈置了35個德國自行生產的火砲砲臺，另外還有7個砲臺使用的是繳獲的火砲……」

●德軍將岸放砲的防禦工事外形建成海濱別墅的樣子，還在牆體上畫上窗戶和窗簾以迷惑盟軍的偵察機。

　　針對德軍咄咄逼人的攻勢，邱吉爾提出英國要加強防禦，和希特勒一樣，邱吉爾個人對法國海岸線上的這些砲兵陣地產生了濃厚的興趣，這位成天雪茄不離身的英國紳士幾乎整天坐在煙霧中，透過濃濃的雪茄煙霧思考著對岸的希特勒到底在想些什麼。當然，隨著美國的參戰，邱吉爾頭上這個大大的由雪茄煙霧化作的問號，很快就煙消雲散了。

　　隨著美國加入戰爭，德國軍事諜報局【註釋5】很快便傳回了一些資訊，盟軍在西線開闢第二戰場的可能性陡然增高，德國人嗅到了空氣中飄散的盟軍將在西線動武的味道。希特勒和他的最高統帥部雖然不知道盟軍到底在哪登陸，但為了能夠專心在東線作戰，希特勒決定沿海岸線

【註釋5】

　　雖然凡爾賽條約規定作為戰敗國的德國不能組建情報組織，但從1920年開始德國就秘密組建了反間諜機關——國外情報與保衛局（Amt Auslands-nachrichten und Abwehr），簡稱德國軍事諜報局。在1935年卡納裏斯出任局長後該機關得到了蓬勃發展，下設：負責收集敵對國經濟、軍事情報的秘密情報處；負責進行破壞、顛覆、心理戰和突擊隊活動的二處；從事反間諜、反情報工作的三處；外事處及中央處等5個處。在軍事諜報局被解散之前，該機構與黨衛隊保安處應該是平級關係，理論上可以將軍事諜報局理解成美國的CIA，蓋世太保則是美國的FBI。

●在德軍佔領法國後，邱吉爾拒絕投降或者和談，要和希特勒鬥到底，雪茄不離身也成了他的標誌，拍攝這張照片的時候攝影師奪走了他的雪茄，終於拍到了邱吉爾發怒的一瞬。

構築防線，以確保西線的安全。

1941年12月14日，最高統帥部下發了一個關於構建西線新防線的指示，由凱特爾元帥親自簽發，指示開頭如下：「……北冰洋、北海和大西洋沿岸地區最終將建起一條全新的防線，爭取以最少的作戰部隊能夠抵抗任何強度的敵軍登陸作戰……」

在這份厚厚的指示中，統帥部對未來建造的防禦工事進行了描述，指出在新防線上建造的防禦工事將是加強型防禦工事（Verstarkfeldmassig），簡稱V.f型防禦工事，這種防禦工事和德軍早期用木料、石頭建立起來的臨時性防禦工事有著很大的區別。V.f型防禦工事將大量採用混凝土和巨石，工事牆壁厚度從0.3公尺到1.5公尺不等，配備防空火砲和複雜的內部通道。指示還明確表示，在新防線開始建設後，原先建造的海軍砲臺將得到進一步加固，這是德軍第一次提出大西洋壁壘的概念。

經研究，德軍最高統帥部將大西洋沿岸地區的建設優先順序進行排定：由於挪威境內的地形和氣候非常不適合部隊轉移，同時加上駛經挪威沿岸的德軍戰船極度缺乏護航，所以在挪威海岸建造工事被排在了最前面，接下來的是法國和比利時沿岸，最後才是荷蘭和白德蘭半島沿岸。這些工程的大部分工作由德國陸軍掌管，其中挪威和一些涉及海軍港口的設施則由德國海軍負責，不過具體的建造工作則由托特組織實施。

除了盟軍可能在西線登陸外，英軍在大西洋一側的頻頻騷擾也是促使希特勒修建大西洋壁壘的原因之一。

1940年7月2日，即德軍攻佔海峽群島2天后，邱吉爾立即致信主管中央參謀部的資深參謀伊斯梅將軍，此人同時也是三軍參謀長委員會的正

式委員之一。在信中邱吉爾認為，目前面對德軍逼人的氣勢，尤其是在海峽群島被攻佔後，英國的軍民士氣已經低落到了極點，必須建議皇家海軍立即展開行動，派出小股部隊前往海峽群島獲取一些軍事情報並且俘虜數名駐守在島上的德軍士兵，借此提高士氣，帶領英國大眾從失敗的陰影中走出來。

首相大人的建議自然得到了英軍的重視和執行，數日後，有著「約翰牛之魂」美譽的英軍突擊隊搭乘皇家海軍的驅逐艦出擊根西島。然而日後威名赫赫的「哥曼德」部隊的首次突襲卻告失敗，看來誰都有第一次啊！首先驅逐艦上的導航設備故障使得他們錯過了根西島，在海上亂轉了一圈後才找到了目標，耽誤了不少時間。突擊隊在登陸後發現島上本就人數不多的駐防德軍出去

巡邏了，營房裏空無一人。既然主人不在家，無奈的隊員們決定立即返回海灘準備撤退，此時尷尬局面又出現了：由於登陸時沒有繫留，小艇被退潮的海浪卷走了，鬱悶無比的隊長當即下令游回驅逐艦。然而，更鬱悶的事情發生了，有3名隊員報告說自己不會游泳，只能待在海灘上歡送隊友離去。眼看著快天亮了，已經沒有時間讓驅逐艦再派小艇來接他們了，留在島上的3名隊員在欣賞了海島日出後，當了德國人的俘虜。當然，這可不是我們的溫斯頓第一次派遣部隊去執行光榮的登陸——被俘任務，第一次是在加里波利，倒楣的是澳大利亞和新西蘭軍隊；下一次是在迪耶普，犧牲品是加拿大人；這次好歹還是英國人自己出馬……英國國防部對此事哭笑不得，只能嚴厲指責有關人員組織不嚴密，考慮不週，並且要求任何部隊不能再犯類似的錯誤。

　　1941年3月4日，英軍突擊隊再一次出動，這次的目標是挪威北部的羅佛敦群島。

　　由於有了前車之鑒，英軍這次準備得格外充分，第3、第4突擊大隊和別動隊共約300人搭乘2艘運輸艦，在5艘驅逐艦的嚴密護衛下，由潛艇引導來到羅佛敦群島附近的海面。拂曉時分，突擊隊員換乘登陸艇上

●1941年3月4日，英國突擊隊在奇襲羅佛敦群島大獲全勝後乘登陸艇撤離，島上的濃煙是他們的傑作。

岸，德軍根本沒想到遠在千里之外的英國人會來襲擊，只得手忙腳亂地組織抵抗，但抵抗並沒有持續多久就被英軍瓦解。英國突擊部隊成功地佔領了該島並炸毀了島上的兵工廠和18個軍需工廠，擊沉了停在港口內的10餘艘艦艇，活捉了10多名納粹黨官員和200多名空軍士兵。本次出擊最大的戰果是在一艘停放在港內的武裝拖船上發現了一台完整的恩尼格瑪密碼機和當時德軍採用的密碼設置方法，英軍高層對此喜出望外。

　　同年12月26日，突擊隊再襲羅佛敦群島，這次行動是為了吸引德軍的注意力，給次日的維加梭島戰役提供掩護，這兩次行動摧毀了德軍在島上的一些防禦工事和工廠、兵營，在附近海面待命的皇家海軍艦艇還利用繳獲的德軍砲臺所在的精確座標狠炸了一通。

　　這幾次奇襲的成功在英國國內媒體的大肆渲染下成了偉大的勝利，其效果果然如邱吉爾希望的那樣，跌入低谷的英國軍隊士氣開始高漲，

● 英國突擊隊員襲擊維加梭島後和德軍交戰產生的濃煙，英軍釋放了島上的98名囚犯並摧毀了德軍的大量建築。

## 海峽群島防禦指令

照目前的形勢來看，敵軍在我們佔領的西線上發動極大規模的正面進攻的可能性不大，但鑒於目前我們在東線上的壓力，或者更多的是從政治和宣傳角度考慮，敵軍發起小規模的襲擊尤其是針對海峽群島的偷襲的可能性非常大，由於這些群島對確保我們的海上交通有著至關重要的作用，所以要嚴防敵人奪回這些島嶼；

必須拿出相應的防禦措施，嚴防英軍從海上或者空中登陸這些島嶼，如果英軍有強佔這些島嶼的意圖，務必在英軍登上島嶼前將其消滅，要時刻提高警惕，防止英軍利用惡劣天氣強行登陸，加強防禦的應急措施已經下發，島上所有部隊除了空軍外都由海島司令官指揮；

為了進一步加強島上的永久性防禦工事，使它們能夠堅不可摧，我提出幾點建議，當然這些防禦工事的建設工作必須以最快速度進行：

a. 陸軍最高統帥部（OKH）負責這些防禦工事的建設，

b. 但在整個過程中將得到海軍和空軍的協助，

c. 同時防禦工事的強度和具體參數可以參考西部防線；

對陸軍的要求：

d. 建設一整套錯綜複雜、外形隱秘並且有側翼防護火力的工事是駐島陸軍的首要任務，

e. 防禦工事的厚度要求能夠抵禦可擊穿100mm勻質裝甲的火砲的轟擊，

f. 工事內有足夠多的倉庫用於存放彈藥和裝甲車輛；

g. 對海軍的要求：島上的1個海軍重砲陣地【註釋6】和法國沿岸的2個重砲陣地負責保衛這些島嶼；

對空軍的要求：

h. 在機場週圍必須建立起有探照燈的築壘，

i. 而且要有足夠的防空火力；

j. 外來勞工中除蘇聯和西班牙勞工外，

k. 當然還包括法國勞工可以大量雇用。

關於島上非本地居民的移民問題會在後續的文件中提出相關的規定；

關於永久性防禦工事建設進度的報告必須在每個月的第一天交給我以及陸軍總司令和最高統帥部。

簽名：阿道夫·希特勒

【註釋6】

島上的海軍重砲台即根西島上的米盧斯砲臺，法國沿岸的2個砲臺一個位於科唐坦半島，另外一個則位於布列塔尼半島的潘波勒附近，但法國沿岸的這2個砲臺並沒有真正完成安裝，後來只是在此部署了203mm口徑的列車砲。

國內民眾空前團結，英國民眾將這幾次奇襲譽為「史上最完美的襲擊」。嘗到甜頭後，英國突擊隊開始頻頻出動，他們猶如遊擊隊般出現在法國沿岸和海峽群島，攪得守軍日夜不得安寧，尤其是相對來說最靠近英國本土的海峽群島更是成了重災區，為此希特勒於1941年10月20日特地下達了海峽群島防禦指令。

在戰爭中，防禦方是永遠處於被動狀態的，就在德國人開始重視海峽群島的防禦後，英軍又把目標指向了法國沿岸的重要港口，1942年3月27日（數日前希特勒剛剛宣佈要修建大西洋壁壘），英軍襲擊了法國聖納澤爾，給德軍造成了較大的損失。雖然這些小打小鬧不會影響戰局，但畢竟對西線德軍的士氣非常不利，一些德軍高級官員紛紛建議希特勒不能再讓英國軍隊繼續這樣倡狂下去了，於是，儘快在大西洋沿岸建起一排堡壘成了重中之重。

隨著戰爭的繼續，地中海沿岸和東線的戰事並沒有像希特勒想像的那麼快結束，度過了戰爭初期的節節勝利之後，隨著蘇聯逐步提高的抵抗能力，東線戰場對德國人力和物資的消耗急劇擴大，駐防西線的德軍部隊不斷被調往東線救火。

●德軍佔領根西島後任命的第一任駐軍司令官阿爾布瑞契特‧蘭茲少校，島上的英國員警正在為他開門。

●（上）英國突擊隊員襲擊挪威沿岸的馬妻爾島，他們的身影以剪影照片的方式出現在硝煙中，這不但提升了低谷時期英國軍民的士氣，也成為了德國人芒刺在背的存在。又有幾個人知道，大西洋壁壘最初的修築動機是為了防備這些突擊隊員呢？（下）路易士·蒙巴頓勳爵在突擊隊員成功奇襲維加梭島後向參戰的官兵表示祝賀。

　　西線德軍留下了第1、6、7集團軍組成的D集團軍群守衛法國（很快第6集團軍也奔赴東線，第15集團軍接替了它的防區），其餘的3個集團軍群先後被調往東線。隨著西線的防禦力量逐漸減弱，希特勒和最高統帥部認為建設大西洋壁壘已經刻不容緩。

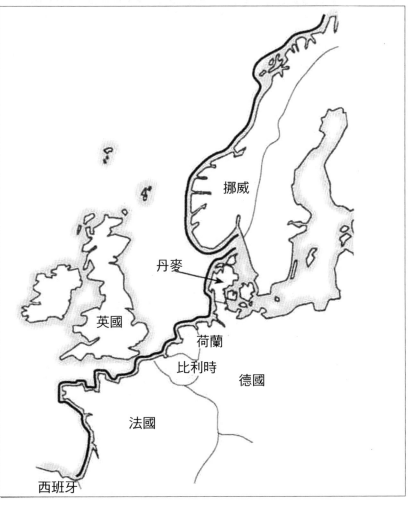

●（上）名聞遐邇的SAS部隊的前身「哥曼德」初戰之地根西島，1940年時的海峽氣氛遠不及1944年時那麼一觸即發，這裏只駐紮了少量德軍。當然，因為準備不週和缺乏經驗，號稱英軍精銳的「哥曼德」在這裏丟了一把人。（下）大西洋壁壘的範圍，從這張簡易地圖中可以看出，防禦工事從最北部的挪威海岸南下，經過英吉利海峽，最終抵達西班牙邊境。

挪威

丹麥

英國

荷蘭

比利時

德國

法國

西班牙

## 第40號元首令

### I.概述

1. 在未來的數月內，敵軍可能在歐洲的海岸線上登陸，具體的時間和地點目前還未知，但盟軍很可能從一些我們認為不可能的地方登陸；

2. 即使盟軍的登陸只有有限目的，但對我們的計劃實施仍然會產生較大的影響，如果讓盟軍在海岸線上有了立足點，那麼不光我們的海岸線運輸會因此而中斷，還必須調動大量的空軍和陸軍部隊前去迎戰，盟軍的火力將會壓制我們部署在週圍的部隊，並迫使這些部隊從原先的駐地上撤出。如果盟軍佔領了海岸線上的機場或者形成了一個橋頭堡，將會嚴重干擾我們下一步的行動；

3. 在海岸線附近我們有著大量的軍事和重工業設施，有些廠房的防禦能力過於薄弱，很容易遭到敵方的突然襲擊；

4. 對英國可能在海岸線實施兩棲登陸作戰必須引起高度重視，因為從目前掌握的情報看，英軍配備有大量的登陸艦艇，可以用於運輸裝甲車輛和重型火砲，同時對於敵軍可能的傘降和大規模空襲也要提高警惕；

### II.海岸防禦的整體作戰指令

1. 海岸防禦是每個士兵的任務，同時需要海陸空三軍每個單位的密切配合；

2. 除了加強海空偵察外，情報部門要竭盡全力提早弄清楚敵軍的動向及任何可能的兩棲登陸行動。一旦發現敵軍有實施兩棲登陸的徵兆，集中所有的海空軍部隊立即對敵軍的集結地和護航艦隊進行打擊，將其消滅在離海岸越遠的地方越好。當然，敵軍很有可能憑藉巧妙的偽裝或者惡劣天氣發起突然襲擊，所以所有部隊都要處於隨時反擊的狀態，海岸線上的部隊指揮官都要提高警惕；

3. 從近期的作戰情況來看，作戰計劃的制定和海岸防禦設施以及相關武器的配給將無條件地統一交由一位指揮官負責，他不僅可以調動海岸線附近的所有部隊，還可以調動部隊外的任何組織和單位，甚至附近地區的政府管理機關，他的目的只有一個——摧毀來襲之敵。他將充分利用手中的職權，調動任何人員瓦解敵軍的登陸作戰，如果敵軍一旦登上海岸線，所有攜帶武器的軍人，不論來自哪個單位、不管什麼軍銜，都必須立即投入反登陸作戰中，他們的目的也只有一個——將敵軍重新趕入大海或者將其消滅。同時必須再次強調的是，海岸線上的防禦工事的建設將立即展開，而且進度應該得到保障，海

岸線附近機場的防空火力也將在這一時期統一進行升級。所有佈置在海岸線上的部隊將加強針對性的訓練，同時，要防止敵軍在海岸線附近的島嶼上開闢橋頭堡；

4.岸防部隊將馬上展開，在敵軍可能登陸的地點形成密集火力點，其他可能遭到敵軍小股部隊偷襲的地區則由築壘提供火力支援，如果可能的話直接由原先建成的海軍砲臺支援，重要的工廠將直接納入築壘範圍內。這些原則同樣適用于近海島嶼，另外一些敵軍不可能登陸的地區只要有監視、巡邏人員即可；

5.海岸線將劃分成段，每段都有專門的部隊負責，一旦開戰由海岸防禦指揮官負責調度各個部隊；

6.通過兵力合理分配和全方位防禦武器的優先供給，支撐點和築壘能夠抵禦兵力優於自己的敵軍的入侵，這些地區將戰鬥到最後一名士兵，戰時這些地區絕不允許因為彈藥、補給、淡水等原因而放棄；

7.海岸防禦指揮官負責整個海岸線上各觀察哨傳回的觀察資訊的分析和綜合，同時確保海空偵察傳回的情報能夠及時進行分析、彙總，並立即傳回最高司令部，同時向當地政府通報有關情報。一旦有任何蛛絲馬跡顯示敵軍正準備展開行動，指揮官可以調動所有的海空軍偵察力量做進一步偵察；

8·海岸線附近住房、安全警報措施、各種設備的佈置等都應滿足快速打擊入侵之敵的需要，如果戰爭形勢需要，附近的居民將無條件撤離；

## III.指揮官的權利

1.以下各指揮官將負責德軍佔領區海岸防禦計劃的準備和實施

（a）東部作戰地區（不包括芬蘭）：陸軍最高統帥部（OKH）指定的陸軍司令；

（b）駐芬蘭北部的拉普蘭德集團軍所在的地區：拉普蘭集團軍總司令；

（c）挪威：駐挪威的國防軍司令；

（d）丹麥：駐丹麥德軍司令；

（e）西部德占區（包括荷蘭）：西線德軍總司令。d、e中負責海岸防禦的指揮官直接聽命於最高統帥部；

（f）巴爾幹地區（包括一些佔領的島嶼）：東南戰區司令；

（g）波羅的海地區和烏克蘭：駐波羅的海和烏克蘭地區德軍總司令；

（h）本土：諸位海軍司令官；

2. 上述指揮官在上述任務範圍內,對國防軍各軍種的指揮機關、有關的德國民事部門及其管轄範圍內的國防軍以外的部隊和組織擁有指揮權。總之,在涉及登陸作戰訓練時,所有的部隊都必須聽從他們的調遣,而且所有的戰場情報都可以首先交由這些指揮官,他們將下達海岸防禦所必需的有關戰術、組織和補給方面的指示,並保證其實施。他們可根據陸地作戰的需要對訓練施加影響,相應部門應提供必要的資料供他們使用。

3. 在這些指揮官發佈各種作戰命令前,必須重點考慮以下幾個方面:

　　(a)將軍事和國防經濟有關的重要設施,尤其是海軍(潛艇基地)和空軍的重要設施,納入築壘地域或支撐點的範圍內;

　　(b)對海岸警戒工作實施統一控制;

　　(c)以步兵防守築壘地域和支撐點;

　　(d)孤立在築壘以及支撐點外的防禦點是否有步兵駐守,如海岸監視哨和防空觀察哨;

　　(e)以砲兵對付地面目標,在配置新的海岸砲兵連和調整現有海岸砲兵連的部署時,優先考慮海戰的要求;

　　(f)防禦物資和運輸工具的準備情況,是否有足夠的地雷、手榴彈、火焰噴射器以及鐵絲網;

　　(g)通信聯絡是否暢通;

　　(h)確保作戰部隊時刻處於高度警惕狀態,並且步兵和砲兵的訓練和海岸防禦的要求時刻保持一致。

4. 同樣的權力也將賦予比海岸防禦指揮官低階的地區性指揮官,使得他們也能為海岸防禦出謀劃策。這些地區性指揮官由上述的海岸防禦司令官在負責當地海岸防禦的陸軍師中任命,在各個地段或分地段,尤其是在空軍和海軍的特別基地,只要空軍或海軍的地區指揮官或司令擔負的其他任務允許,就應把整個防禦責任交給他們;

5. 所有部署在海岸線上的空軍和海軍部隊在作戰方面仍然歸空軍和海軍指揮,但在敵人進攻海岸時,在他們作戰能力範圍內,應該聽從海岸防禦司令官的調遣,所以在傳達各項作戰命令時,海岸防禦司令官必須將他們也考慮進去,即將他們編入情報網,同時海岸防禦司令官必須和這些海空軍部隊的司令部時刻保持聯繫。

## IV 大西洋壁壘上海空軍主要作戰使命

### 海軍

（a）建立和保護海上交通；

（b）訓練並且組織所有的海岸砲兵，以對付海上敵軍目標；

（c）完成海軍的部署。

## 空軍

（a）海岸線附近的防空防禦，可以根據主管防禦事務的當地指揮官的指示，調動用於對付敵軍登陸的高射砲部隊；

（b）擴建航空兵地面設施。如果機場不在海岸防禦的範圍以內，因而得不到足夠的掩護，那麼就應擴大防空區，保護地面設施免遭來自空中的攻擊和地面的突襲；

（c）作戰飛機的恰當使用。

Ⅴ原先頒佈的任何和本指令相違背的命令和指示從1942年4月1日起全部失效，海岸防禦司令官基於這個指令所頒佈的新命令都必須通過最高統帥部遞交給我。

簽名：阿道夫・希特勒

●希特勒和陸軍元帥布勞希奇在研究地圖，照片左側的是凱特爾元帥，希特勒身後是約德爾上將。

1942年3月22日，希特勒發佈第40號海岸防禦指令，正式宣佈了建設大西洋壁壘的計劃和具體要求，大西洋壁壘進入全面施工階段。當然，最初這道防線在德國人的邏輯中，是一道防範「野狗」的「籬笆」而已，而非抵禦百萬大軍。

雖然40號指令中有部分內容和1941年年底凱特爾元帥簽發的指令有很多重複，但這份指令的下發標誌著大西洋壁壘的建設全面展開，不過這份指令中存在的諸多疑點和不確定性引來了很多爭議，有些議論甚至認為這條防線相對於盟軍的進攻來說是脆弱的，與其花這麼大力氣建造防線不如投入更多的精力裝備更多的抗登陸武器等等。不過在這些爭論中，有幾點是相同的：

在這條防線上到底誰擁有最終決策權；

指令中提到的司令官到底能控制什麼；

到底哪是主戰場，海灘還是內陸；

由誰來控制部署在海岸線附近的後備軍隊，他們到底該駐防在什麼地方。

由於德國軍隊的三軍各自獨立，西線德軍總司令龍德斯泰特陸軍元帥沒有權力指揮海軍和空軍，西線的德國海軍聽命于海軍最高司令部，而空軍則聽命於帝國航空部（空軍最高司令部成立於1944年），這對此後抵抗盟軍登陸的行動產生了極為不利的影響。後來擔任隆美爾參謀長的漢斯·史派達爾中將在他寫的《我們保衛諾曼第》一書中曾言辭犀利地挖苦此事：「……西線總司令和集團軍群司令根本無法指揮海空軍部隊實現海空聯合作戰，各軍種司令只能得到有限的其他軍種的消息，但這些情報通過原先的三軍通信網路傳遞下去後已經太晚了……」

由於和希特勒在作戰指導思想方面不合，龍德斯泰特元帥在1941年底辭職，儘管此後希特勒又召回了這名老將擔任西線德軍總司令，但他的這個總司令一職更多的意義是在紙上，任何重要的決定最後都由希特勒決定，以至於當時龍德斯泰特自我諷刺說唯一能夠調動的軍隊就是自己司令部的衛隊了。

就在40號指令下發後不久，德國海軍部也隨即下發了一份指令，其中這樣寫道：

「……就算敵軍已經在陸軍的中等口徑火砲的射程範圍內，對目標的打擊與否仍然由海軍岸防司令決定，他除了能夠調動海岸砲兵外，還

能對這一區域內的陸軍海岸砲兵發號施令。在開戰時，海軍岸防司令統一聽命于陸軍師長……」

　　德國海軍對海岸防禦的一刀切思路存在著明顯的缺陷，在海陸分界比較清楚的海島上，這種防守方式和指揮方式是比較好的，海軍只管負責打擊海面上的盟軍艦艇，陸軍的火砲則負責打擊登陸的盟軍部隊，德國海軍海峽群島司令部（SEEKO-SI）可以迅速地命令海軍和陸軍的砲兵陣地朝預定區域傾瀉砲彈。但在法國海岸情況卻有了很大不同，駐防在該區域的德國陸軍砲兵部隊希望將陣地後撤5公里，以防被敵方艦砲火力所傷，而德國海軍的岸防陣地則希望越接近海岸越好，這樣可以直接向盟軍的登陸艦艇開火。火力的不交疊使得這種陣地佈置在戰時暴露出了巨大的缺陷，例如在盟軍登陸時，法國濱海隆格砲臺的4門德國陸軍的152mm火砲根本沒有擊中任何盟軍艦艇。

　　在第40號指令下發後不久，當希特勒在1942年5月13日和他的將領們共進晚餐時，他向這些頭頭腦腦們講述了他最近去西線建設工地視察的結果：「……我和其中的一些工人進行了交談，他們非常盡忠職守，有一位表示他不想離開西線，因為在西線龐大的工程完工後，離開西線將是一件非常遺憾的事情。顯然，這些工人是多麼的聰明，他們厭倦了法國的打打殺殺，在被托特組織雇用後，他們喜歡上了海岸邊的生活，西線對於他們來說是非常安全的……」

●1942年在桑加特附近的一處德軍砲臺，圖中是一門170mm的SK L/40火砲，砲身上有偽裝網，遠處為一測距機。實際上，佈置在法國海岸相當地區的砲塔位置並不合理，這將在不久的將來嚴重阻礙它們的「發揮」。

## 第三章　參與建設的德國人

　　弗朗茲·沙維爾·道斯科中將，1899年12月24日出生於巴伐利亞，1934年被任命為托特組織柏林地區的負責人，1939年全面負責托特組織在西線的建設，2年後升任托特組織的副總司令，1944年出任托特組織建造辦公室主任，1945年5月7日在巴伐利亞的泰根湖被美軍抓獲。入獄後開始為美國駐歐洲軍隊司令部的外國軍事研究中心撰寫關於托特組織的詳細資料，即後來的MS P-037文件，在後來解密的這份檔中，道斯科寫道：

　　「1938年希特勒下令加緊西線防禦工事的建設，由於工程巨大，加上軍區所屬的要塞工兵部隊缺乏經驗，在築壘選定、控制、工人雇用、建築材料運輸、分佈等事情上，工程部隊亂了手腳，希特勒立即指定當時還是德國高速公路築路總監的托特博士來負責此事。托特博士不僅精通土木工程和建築，而且對經濟也有非常獨到的理解，1935年德國經濟增長緩慢，他通過加快高速公路建設來刺激德國的工業，1936年短短一年時間，在他領導下德國多了1000多公里的高速公路，而這一時期建築物資生產行業和一些相關行業發展速度提高很快，在這以後，德國幾乎每年都新增1000公里的高速公路。同時他在建設中提出的一些精闢的建設理論成為德國建設行業新的標準。由於高速

●大西洋防線上法國境內的一處工地上，托特組織的一名工頭正在和工人交流，工頭的軍銜臂章在他的納粹臂章下方。

## 弗里茨‧托特和托特組織的發展

　　弗里茨‧托特，1891年9月4日出生於巴登的普福爾茨海姆，出生豪門的他自小受到了良好的教育，一戰開始前就加入了德國空軍，由於作戰英勇而獲得鐵十字勳章。戰後托特加入了慕尼克的塞奇&溫納公司，公司主營業務主要為築路和修建隧道。由於工作突出，托特很快升至經理並開始在業內揚名，希特勒上臺後，托特很快成為國有高速公路公司負責人，負責在德國境內修建高等級公路，托特為此專門組建了帝國技術聯盟，同時徵集了國內所有的技術專家和工程師，由此成立了一個專門為德軍建設港口、機場、防禦工事等複雜設施的組織——托特組織。這個性格孤僻的專家型領導有著多重頭銜：德軍軍械和彈藥部長、托特組織首領（當時主要負責建設高速公路、海軍碼頭和電站）。希特勒對弗里茨‧托特非常欣賞，德國入侵蘇聯後，希特勒還要求他在佔領的蘇聯領土上開始建設鐵路和高等級公路。

　　從當上托特組織司令官開始一直到1942年2月不幸遇難，托特都是大西洋壁壘建設具體專案的總指揮，不過托特雖然級別較高，但卻並沒有涉及指揮和作戰計劃制定等軍事領域，正如道斯科所寫：

　　「讓人無法理解但又不得不寫的是一個和工兵上將級別相同的人卻從來沒有任何軍事上的權力，防禦工事的設計、發展、建設、分佈以及最後的完工日期幾乎都是由托特手下的工兵總監等人負責，他從來不過問，只是利用他出色的管理能力和聰明的大腦來確保工期的進度。」

　　實際上，托特在德國空軍中是有少將軍銜的，而且他前往工地視察時都喜歡穿

● （上）作為托特組織的負責人，弗里茨‧托特在德國空軍中仍保有少將軍銜，這是其身著空軍制服拍攝的照片。（下）托特正在和施佩爾一起觀看工地的沙盤，後者在托特去世後接管了托特組織。

空軍的制服。托特組織受到希特勒親睞的真正原因是：隨著德國的擴軍備戰，軍隊規模急劇擴大，陸軍最高統帥部的指揮能力已經接近飽和，如果再負責國防項目建設，運行起來恐怕不會那麼順暢，於是乾脆成立專門的部門來負責這些繁雜的施工專案。弗里茨·托特卓越的管理才能恰好引起了希特勒的注意，托特組織在性質上屬於武裝輔助部隊，不直接歸德國國防軍管，但卻屬於德國國防軍的編制，這在戰爭物資極為缺乏的德國和佔領國境內有著相當多的好處，托特組織可以和德國國防軍一樣搭乘火車，配屬兵營，使用電話以及其他設施。

1942年2月，托特在會見希特勒後從拉斯登堡出發前往柏林，此時剛好他的座機處於維護階段，於是臨時抽調了一架He-111轟炸機供他使用。結果飛機起飛後不久就凌空爆炸，機上所有人員無一倖免，事故原因無法查清。阿爾伯特·施佩爾當時也曾想搭乘這架飛機返回柏林，但在起飛前數小時由於他過於疲勞而取消了和托特一起返回的計劃，這讓他保住了性命。

托特組織瓦解前人員組成

德國人4.4萬，另外還有31.3萬在簽約的民間建築公司中，共計35.7萬

外國12.8萬，另外還有68.07萬在簽約的民間建築公司，共計69.35萬

女性4000

戰俘16.5萬

罪犯14萬

總計135.95萬

公路建設過程中經常會遇到無人居住地區，如何管理和召集勞工成為最大的問題，而托特博士對此也非常有辦法，這也為後來托特組織的高效運轉奠定了基礎。」

道斯科還在他的回憶錄中記錄了托特組織參與大西洋壁壘的建設，在最關鍵的時刻德軍需要在短期內在防線上澆灌800萬立方的混

凝土【註釋7】，勞工的召集成為當時最為頭疼的事情，而在希特勒眼裏，在最為困難的時候還能為國家建造1000公里高速公路的托特博士肯定就是不二的人選。

　　托特組織由弗裏茨·托特組建於1933年，成立之時的主要任務是修建高速公路。經過5年的發展，規模迅速擴大，並參與了齊格菲防線的修建，但當時它還沒有正式名稱。1938年6月，托特在組織內吸收了大量的民間建築公司，同年6月18日，希特勒親自下令將這個組織命名為托特組織。此時托特組織成員還沒有制

服，只相當於德軍的輔助性隊伍，而且在齊格菲防線上還只是承擔修復鐵路和小型橋樑的建設任務。隨著德軍在西線作戰上的節節勝利，托特組織伴隨著德軍前進的步伐規模日益膨脹，人數上漲到了20萬人，其中絕大部分為德國人。德軍在佔領歐洲大部分國家後，

●托特組織的自辦報紙，時間標明為1943年7月24日。托特是個組織嚴密結構複雜的組織，絕非一般性質的勞工機構可以比擬，這點從它所具備的階級制以及擁有被官方許可的出版物可以看出。

【註釋7】

　　在施佩爾上臺前，托特向希特勒允諾托特組織每個月的混凝土澆注量可以達到45萬立方，但施佩爾上臺後考慮到長期作業的需要，將這一數值降低到了30萬立方，就算建造急需的U艇基地也不會超過這個數值。而事實上，從1940年7月至1944年7月整整4年時間裏，托特組織共澆注了1760萬立方的混凝土，平均大概36.7萬立方/月。施佩爾知道到後來托特組織承建的工程其實大部分都是靠德國國內的一些建築公司完成，如果目標定的太高，對工程的安全性不利。

● 接任弗里茨‧托特的阿爾伯特‧施佩爾，這位身材魁梧、腦子活絡的托特新首領以及戰時工業部長深受希特勒器重，更因為其是希特勒的私人朋友以及藝術家的身份，得到其他的部下無法享有的禮遇。

托特組織的規模達到了頂峰，此時組織內的一部分德國人變成了工頭，開始分發卡其布的制服和徽章，此時大部分成員都是佔領國的勞工或者一些志願者。希特勒宣佈，高貴的德國士兵不再從事于炸石或者搬運水泥等卑賤的活，轉而由托特組織內的外國勞工取代。至1943年，托特組織大約已經有100萬人，且數量還在繼續上升。在施佩爾上任後，托特組織的建設開始變得更像軍隊，配備了武器（為了防止遊擊隊的偷襲）和自己的醫療隊伍。帝國末日的到來使得德軍的傷亡日益上升，托特組織內的大部分德國人放下鐵鍬進入軍隊參戰，結果造成了組織內德國管理人員嚴重缺乏，不得不把一些曾經服過刑的德國人推上了托特組織的領導崗位。此時組織內的人員構成則更加混亂，在西線，荷蘭人、丹麥人、比利時人、挪威人用帶著各地口音的語言在交流著，在義大利和巴爾幹地區，組織成員幾乎都是當地人，而在東線，為了活命的蘇聯人也大批加入了托特組織，而一些猶太人為了防止被抓到集中營殺戮也混進了托特組織，至1944年11月托特組織瓦解時，蘇聯人居然成了托特組織的最大組成部分。

在大西洋壁壘的建設過程中，托特組織的勞工貫穿了整個防線，僅在挪威、丹麥到法國這段防線上，托特組織就投入了11.2萬德國人和15.2萬法國人，而在這15.2萬法國人中，有1.7萬人來自法國的北非殖民地。

在正式投入建造大西洋壁壘之前，托特組織在西線的主要工作包括：

1. 運河和河流網路的疏導，特別是在法國北部和比利時境內，此外，托特組織還負責修復了戰時損毀的大量港口，如布洛涅、加來、敦克爾克。同時進行的工程還有在比斯開灣修建的大型油庫和防空設施，這些油庫的結構強度要求比較高，當時托特組織內的一些專家對此進行討論後拿出了合理方案。布魯塞爾地區空軍司令部還要求托特組織了修建該地區的野戰機場；

2. 在格里斯－納茲角建設重型砲臺；

3．堡壘化的U艇基地建設。

1940年秋托特接到希特勒命令，在大西洋沿岸建造築壘化的U艇基地，能夠有效躲避盟軍空襲，首批開工的是布列斯特、洛里昂、聖納澤爾港，後期還包括地中海沿岸的馬賽、土倫等港口。先由工

● 德軍的U艇洞庫，圖中顯示的是1942年在法國港口波爾多正在加緊施工的德軍U艇洞庫，德軍在大西洋防線上建造了數量眾多的U艇洞庫。建造這些設施的勞動力來源均依靠托特組織提供。

關於要塞工兵

在德軍的每個軍區中都有要塞工兵、堡壘建設營等工程部隊，這些部隊中有很多招募來的或者德軍自行培養的軍事工程專家，涉及隧道、偽裝、混凝土加強工事、地質學等各個領域。在戰後的回憶錄中，邁克爾·吉恩斯詳細記錄了當時要塞工兵部隊的編制情況。

| 單位 | 軍官 | 軍士 | 其他軍銜 |
|---|---|---|---|
| 要塞工兵司令部 | 11 | 11 | 27 |
| 要塞工兵參謀部 | 18 | 18 | 30 |
| 工程兵營參謀部（包括運輸部隊參謀部） | 8 | 14 | 53 |
| 工程兵施工連 | 3 | 18 | 150 |
| 技術連 | 3 | 17 | 134 |
| 堆放連 | 3 | 23 | 224 |
| 施工營參謀部 | 8 | 7 | 12 |
| 施工連 | 4 | 27 | 231 |
| 機械化施工連 | 2 | 16 | 157 |
| 鑽孔連 | 5 | 41 | 359 |
| 採礦連 | 4 | 24 | 164 |
| 軍事地質隊 | 2 | 3 | 4 |

●帝國勞動軍團開赴工地施工，這是部隊在根西島上的聖彼特港行軍時照片，在托特組織抵達根西島時，島上的防禦工事主要由帝國勞動軍團負責建造。

兵的一些高級專家繪出設計草圖，然後交由托特組織完成細節的設計，托特組織最後總共修建了96處堡壘化的U艇基地。當最後盟軍發起攻擊時，另有33處尚處於建造之中。

　　雖然托特組織是負責建造大西洋壁壘的主要工程單位，但其實它只是參與這個規模宏大的專案建設的5個部隊之一，這些部隊分別是：

　　一些獨立部隊，特別是駐防在大西洋沿岸的步兵部隊，至始至終都參與了防線的建設，如散兵坑、戰壕的開挖等；

　　野戰工兵師或者陸軍的一些工兵部隊，這些部隊任務較重，承擔橋樑、小型港口的建設，所有的爆破任務和障礙物的預製都由這些工兵部隊負責，另外還有所有地雷的埋設、埋設地點的記錄也由工兵部隊負責；

　　陸軍工程營，負責輕型防禦工事的建造，混凝土厚度不超過1公尺，可以抵禦子彈、彈片，但無法經受航空炸彈的爆炸；

　　要塞工兵營，這些部隊主要負責運輸重型武器，建造供重型車輛開進的公路、鑿通隧道，撰寫防線進度報告、繪製防線地圖，監督托特組織的建設工作，整個工程部隊由國防軍工兵及築城總監阿爾弗雷德·雅各工兵上將負責，雅各上將手下彙集了大量的德國建築學精英，是當時德國工程部隊的主力之一；

●托特組織雇傭的勞工，中間穿制服的為工頭，這些勞工主要作為技術人員為德軍服務。

●澤西島上，帝國勞工組織的成員正在協助德軍砲兵部隊建設岸砲工事，由於人手不夠，很多工事都是由德軍砲兵自行建造。

托特組織是工事的主要施工單位，負責採挖石料、開闢大型隧道，修建發電站和鐵路，提供各種建築材料和工程機械，同時還必須和協助德國海軍從海上運輸物資，建造港口，以及對參與防線建設的民間公司進行監督。

雖然防線的建設大部分由托特組織和德國現役部隊負責，但這裏不得不提到帝國勞工組織（RAD，德語Reichsarbeitsdienst），這個組織的前身是義務勞動服務組織，戰時屬於准軍事組織。希特勒當年還未上臺時曾慷慨陳詞「一定要解決國內的失業問題！」等他上臺後他確實解決了這個問題，不過卻採用了一種非常規方法——強迫國內的勞動力參加戰爭機器的建設。1935年6月26日，德國通過了一項法律，規定所有無猶太人血統、年齡在18～25歲的德國男青年在服役前必須參加帝國勞工組織，並且要在軍團內服役半年以上。結果，後來凡是沒有在衝鋒隊、帝國勞工組織或者希特勒青年團服務過的人都不能從事任何工作。從30年代末開始，德國男孩從6～10歲都必須參加希特勒青年團當學齡團員，滿10歲後，在通過了體育、野營和納粹歷史方面的適當測驗後，升入少年隊。到14歲時，男孩子就正式參加希特勒青年團，一直到18歲，然後參加帝國勞工組織或者直接服役，希特勒對此有著非常好的解釋：「一個民主國家的整個教育的主要目標，決不可以只是灌輸知識，而是要造就十足強健

的體魄」。

帝國勞工組織的指揮官始終是康斯坦丁‧希爾，一位具有遠見卓識且具備高超領導能力的指揮官。1935年帝國勞工組織徵募了超過20萬的德國青年，剛開始所有的成員都被送往農場，在極為嚴格的紀律管制下勞作，不管原來是知識份子、藝術家還是農民，在農場都幹同樣的活，而徵募的婦女則負責這些勞動者的衣食。通過這種強制勞動，希特勒上臺1年後就將原先的600萬失業人口急劇減少到100萬，而且通過支付象徵性的工資，希特勒又獲得了廉價而且可靠的勞動力。納粹德國通過這種徵募廉價勞工的方式為後續的戰爭做好了準備，希特勒曾對部下說過：「扛著鐵鍬的人終究有一天會扛上槍的！」

德國平民通過帝國勞工組織的服役，能夠承受較大負荷的勞作，而且該組織採用準軍事化管理，進入其中服役一段時間後可以快速完成從平民到士兵的轉換，他們正式進入作戰部隊後就比較好管理了，這也是帝國勞工組織被希特勒稱讚的地方。

1939年8月，帝國勞工組織的規模達到了頂峰，在編人員達到了空前的36萬，共有1700個連，其中有60%的成員進入部隊服役。波蘭戰役後，希特勒要求帝國勞工組織保持規模，由於人員充足，希特勒最後調動了相當數量的帝國勞工組織連隊前往大西洋沿岸建造防線。到後來該組織的成員除了要開挖戰壕、建造工事外，還要擔負操作防空火砲甚至埋設地雷等任務，原先盟軍認為帝國勞工組織成員為非戰鬥人員，但後來看到這些人操作防空火砲對盟軍飛機開砲甚至埋設地雷，因此感到非常惱火，認為他們違背了日內瓦公約。

## 第四章 「金湯」就是這樣「鍛造」的

雖然德軍有為數眾多的要塞工兵以及托特組織和帝國勞工組織來執行修建工事的任務，但真正在工地上賣命的卻是來自世界各地的龐大的勞工隊伍。總的來說，參加大西洋壁壘建設的勞工可以分為以下四類：志願者、從各佔領國招募的技術人員、奴隸勞工、戰俘。

早在大戰爆發之前，有大約30萬以上的外國勞工自願來到德國受雇工作。戰爭爆發後，托特組織開始在各佔領國設立分支機構，他們的目的很明確，徵募建造大西洋壁壘所需的技術人才，如鐵匠、木匠、書記員以及製圖人員。在西歐各國，他們拋出的誘餌是豐厚的薪水、提供較高的食品和藥品領取額度，並承諾提供假期。一旦錄用，這些勞工就必須和托特組織簽訂為期6個月、9個月甚至1年的合同，由於經濟蕭條民不聊生，很多人便前往托特組織報名。在盟軍看來，這是一個獲取德軍各處防禦工事相關情報的絕好機會，各國尤其是法國的抵抗組織派出了大量諜報人員混入招募人群，並且成功地進入了各個工事的建築工地，成為盟軍重要的情報來源。當然，報名者中也有一些狂熱的法西斯分子，出於對希特勒的崇拜讓他們全身心地投入到了為第三帝國添磚加瓦的行動中去。而在德軍佔領的東歐和巴爾幹地區，德軍不顧社會的安定團結直接實行了強制徵募，一旦發生抗拒強制徵募這種不和諧的事件，佔領軍及其打手——由當地的地痞流氓組成的保安團便乾脆燒掉整個村莊，把居民全部強制搬遷至德國——想當釘子戶？沒門！

早在1940年，戈林就在一次國防會議上宣佈，希特勒決定征招700萬勞工。不過此時德軍對外國勞工的招募至少在西歐地區還是以和平方式進行的，這樣的做法一直持續到1941年底，僅從法國托特組織就招募了134萬男性勞工和4萬女性勞工到德國的工廠內勞作（其中有部分人是後來強行抓來

● 德軍在海峽群島上四處張貼的招工啟事。

**MAN WANTED.**

CONTRACTOR requires a man with knowledge of German and English, to supervise buses and other transport ; also to deal with reception of foodstuffs, and purchase.

Apply by letter only, enclosing references, to my Office, DIJON HOUSE, VICTORIA AVENUE.

TH. ELSCHE,
Contractor.

---

**NOTICE**

I REQUIRE 30 Labourers for my building plot in GOREY.

Apply on Monday, Sept. 22nd, between the hours of 9 and 12 (noon) at the CASTLE GREEN HOTEL, GOREY.

Rate of pay: hourly rate 1s. 1d., with a risk increase of 1s. 1d. per hour.

Theodore Elsche.
Building Contractor.

**NOTICE**

I require 20 stonemasons for my quarry in St. Ouen's Bay.

Hourly rate of pay 1/5, with a danger increase of 1½d. per hour.

Own bus connection from the Old Terminus Hotel.

Apply at my office in Dijon House, Victoria Avenue, mornings from 8 to 1, afternoons from 3 to 6.

THEODORE ELSCHE,
Contractor.

的）。隨著德國在對蘇戰爭的泥潭中越陷越深，其勞動力的缺口越來越大，同時由於外國勞工在德國受虐待的事情不斷傳至勞工輸出國，致使德國再招募自願工人時就越發顯得困難，當時歐洲各佔領區普遍出現了拒絕徵募的現象。1942年初德國國內勞動力缺口已經達到100萬人，為了彌補勞動力的不足，納粹分子撕掉了原先的一切偽裝，4月22日，德國勞工問題總專員弗里茨·紹克爾提出了以強行徵募和強制勞動為核心的奴隸勞動制度的實施原則。

　　一夜之間，西歐各地的人民可遭了罪。原先號稱「不殺人不搶糧食」的黨衛隊往往把城市裏的一段地區封鎖起來，把身強力壯的男女全部抓走，在鄉村則採取了先包圍然後挨家挨戶搜捕的方法。從1942年至1944年初的不到2年的時間裏，被徵募去德國做工的平民有數百萬人之多，其中志願應徵的為數甚少。

　　以荷蘭為例，1942年4月22日之後，德軍開始在荷蘭國內頒佈各種法律來掠奪勞工，首先是所有40歲以下的男子都必須到義務勞動組織（歸屬托特組織管理）登記，且所有年滿18週歲的男子都必須為德軍服務；後來德軍乾脆直接到荷蘭境內的各個工廠搜查，發現技術工人後立刻帶走，強行送到德國兵工廠或者建設工地。如果他們膽敢拒絕，則會立即被送往集中營。一時間，荷蘭各地的火車站上到處都是哭泣的孩子和女人，她們只能看著父親或丈夫踏上一

●在工地上喝著稀粥的勞工們，以及在希特勒生日慶祝會上吃香喝辣的托特組織官員們。編者就不特別著名左右了。

條前途未卜的路。

M119局是英國在二戰時期成立的一個專門對抵達英國的難民進行身份審查和甄別，防止德軍間諜混入英國的機構，對外稱為皇家愛國主義學校，根據該局目前已經公開的檔案記錄，我們可以瞭解到那些被強征去建設工地的荷蘭勞工的命運：「那些工頭和士兵可以用手中的任何東西打我們，有時只是拳腳，有時則是水管。在每天早上的例行集合中，工頭如果看誰沒有站好就會下去打誰，誰的被子沒有疊好同樣會遭來一頓暴打，工頭們一般都隨身攜帶一根直徑2.5公分的木棍，他們看誰幹活不賣力就拿起這個棍子猛打，兵營的警衛們也隨身攜帶這種木棍，他們直到把我們打得滿頭是血才肯甘休，好多人被打得都爬不起來。黨衛隊對勞工的態度更惡劣，在諾曼第一線幾乎每天都有2、3個勞工被黨衛隊打死，我們抵達工地時身體都非常健康，但在德軍的摧殘下我們的身體已經如蠟燭般耗盡。」

吉伯特·馮·格里克是名荷蘭泥水匠，他屬於被和平招募的人員，在德軍的工地上勞作了5年，足跡遍佈柏林、拉羅歇爾和根西島，他的記錄成為研究這些勞工的最好資料：「每天早上6：00，車準時抵達拉福特，然後載著我們前往拉羅歇爾修建德國海軍潛艇的掩體，4年裏大概總共有幾千名勞工從事這項工作，整個工地猶如建造埃及金字塔般壯觀。由於德軍潛艇為數眾多，所以除了拉羅歇爾外，德國海軍在布列斯特、聖納澤爾以及洛里昂等地都有這種洞庫，一般每個

港口修建12個潛艇洞庫，每個洞庫長320公尺，寬度為155公尺，高18公尺。洞庫頂部的混凝土厚度超過3.5公尺，可以抵禦重型炸彈的直接命中，每個洞庫可以容納2艘U艇，這樣整個碼頭可以同時容納24艘U艇。我們主要負責混凝土的攪拌和灌注，由於長期的枯燥工作使得大家都非常暴躁，德國兵和我們都一樣，一天一些招募來的工人在托特組織的辦公室外面抗議，要求德軍提供更多的食品，結果跑出來數名德軍士兵直接用槍擊中了幾個帶頭的勞工，於是事情很快就得到了解決（再也沒人敢去抗議了）。」

在拉羅歇爾待了將近半年後，一天他突然被通知將調往其他地方，但並沒有告訴他目的地是哪。第二天凌晨，他被送到一輛擠滿勞工的幾乎全封閉的火車，在火車上待了將近20個小時後抵達了離聖馬婁不遠的聖塞爾旺。在此休息了幾天後，他們又繼續出發，在警衛的嚴密看守下抵達了聖馬婁港，隨後登上貨船抵達了目的地——根西島，他在文中繼續寫道：

「不斷有貨船抵達，招募的勞工陸陸續續到達聖彼得碼頭集合，隨後我們抵達了自己的住宅———一處破舊的兵營。每個房間內都安排

●正在修建潛艇洞庫勞工們，照片中可以看見一字排開的混凝土攪拌機。

●由於受過高等教育，所以作為電工的胡安·圖勒被德軍吸收為工地小頭目，箭頭處為圖勒（左圖），1943年他成功的逃離德軍魔爪。不過，不是所有人都有胡安·圖勒的機智、運氣和勇氣的。大多數人選擇了繼續留在營地幹苦役（下圖），直到被饑餓和勞累慢慢弄死。或者奢求並不大的生還機會。不論在世界各地，人類的奴性和盲目的崇拜都是共同的劣根性，這也是納粹能如此猖獗一時的主要原因。

了6張上下床，床上只有草鋪的墊子和兩床破舊的軍毯，第二天早上我們就被趕著去幹活了。我們這組共有50人，部分為招募的技術工人，部分則是抓來的奴隸勞工，負責在懸崖上修建一個砲臺。通過交談發現，這些奴隸勞工主要是住在法國的摩洛哥人、阿爾及利亞人和希臘人，他們的處境真的可以用可憐來形容，德軍幾乎不把他們當人看。他們的衣服是用破布拼接起來的，有些則是用麻袋製成，他們只能得到很少的食物，他們住的地方幾乎沒有任何衛生設施，一位德國

軍醫在治理營區爆發的大規模斑疹傷寒時警告兵營守軍，如果再不提高這些奴隸勞工的衛生條件，很可能這些守軍自己都會染上斑疹傷寒。奴隸勞工手中的工具也非常簡陋，只有諸如鎬、鐵鏟等，而為了提高工事的抗打擊能力，德軍一般都選擇在花崗岩地區修建工事。奴隸勞工只能用這些簡單的工具來修建德軍龐大的工事，不過光用鎬和鐵鏟施工進展顯然非常慢，但德軍工頭和工地上的警衛如果看到進展太慢就會立即毆打這些奴隸勞工。中午我們的伙食就是薄粥，薄得幾乎跟開水差不多，我們還好每人都有定額的分配，但那些奴隸勞工卻並沒有定額，他們只能拿起手中所有的任何能裝水的東西來盛粥，如空罐頭、破碗等。為了能夠多吃點，他們甚至為了多搶一碗而大打出手，而一些有經驗的勞工則都喜歡排到隊伍後面，因為他們知道鍋底的一些粥相對要濃一點。」

　　天黑後，這些勞工都被帶回兵營，奴隸勞工晚上是沒有任何食物的，而且他們的宿舍沒有床，只能如同牲畜般躺在地上。而格里克他們的晚飯比午飯要稍微好點，可以吃到些蔬菜、扁豆之類的東西，有時候還有些土豆，運氣好的話其中可能夾雜一絲的肉，吃完晚飯他們能分到半磅麵包和一些果醬、黃油，這是他們第二天的早

●德國人還使用戰俘來從事工事修築，這些勞動力也就是所謂的「奴工」，這些人的處境隨著被投入苦役的時間延續而每況愈下。圖上這些人屬於來自法國殖民地的戰俘，德軍正將這些戰俘送往根西島上的工地，照片拍攝時間不明，在旁邊觀看的是駐守該島的德軍士兵。

飯。

從大戰爆發至1944年9月底，為納粹德國做苦工的外國平民約有750萬人。

當然，並非所有的勞工都會心甘情願地熬到被德國人榨幹為止，總會有一些頭腦靈活的人會去嘗試著改變自己的命運，法國人胡安‧圖勒就是這樣的人。當法國被佔領後，他曾千方百計想去英國，接連幾次嘗試都失敗後，他決定乾脆應徵進入託特組織，並主動要求到海峽群島去工作。1942年7月，他來到了根西島，由於他屬於德軍極度缺乏的技術工人，所以德國人對他還算比較客氣，在安排了食宿之後讓他和一家名為科本茲的公司簽訂了合同，該公司負責島上的所有建築材料的供應。剛開始他的工作是負責檢修從聖彼得碼頭到聖桑普森的鐵路沿線上的電纜，後來由於他工作出色並受過高等教育，頗得德軍的賞識，乾脆就給了他一個小官銜。於是圖勒利用手上的那麼一點點權力，居然成功地偷了艘船順利抵達了英國。M119局接見了他，並從他那獲取了很多關於海峽群島防禦部署的極有價值的資料。在島上服役的大半年時間裏（1942年7月～1943年3月），圖勒發現托特組織中的年輕成員幾乎都離開了，甚至連40～45歲年齡的人都不斷被抽調到部隊中去，而補充過來的都是些55～60歲的老軍官。這些軍官並不都是德國人，他們中甚至還有盧森堡人和來自西班牙的志願者。

圖勒提到的各種待遇跟上文中的馮‧格里克提到的差不多，他強調說勞工們沒有休息日，每天至少要工作12個小時，只有中午休息半小時用於吃飯。所有的勞工都沒有衣服可換，圖勒從上島開始直到逃到英國，始終穿著同一件衣服。同時他還提到了關於薪水的問題，德軍為這些技術工人建立了專門的銀行帳戶，採用德國馬克支付。圖勒成為小頭目後每個月的薪水是200馬克，但他只能拿到52馬克，剩下的全部匯入設在聖馬婁的銀行，由他的妻子領取作為撫養孩子的費用。但這些錢他的妻子到底能取到多少他卻不甚明瞭，一些比利時技工在談話中曾提到他們的家裏已經有6個月沒有領到德軍的薪水了。

說到薪水問題，為了吸引本地的勞工，德軍往往利用當地稀缺的

工作機會和相對較高的薪水來吸引當地的技術人才，就算是一些相對簡單的工作托特組織也承諾支付相當吸引人的薪水。同時，德軍還頒佈了法律，對佔領區地方政府提供的就業崗位的薪水做了嚴格限制，使得這些職位的收入只有加入託特組織後的一半，這點錢顯然遠遠不夠養活一個家庭。於是當托特組織開始招人時，有大批人前去應徵就不足為奇了。

圖勒還告訴英國人，由於當時物資極為匱乏，很大一部分當地人去德軍工地幹活都是沖著工地上的物資去的。工地上的工具、汽油和柴油都是搶手貨，儘管風險很大，但這些本地勞工還是經常會隨身帶著一個瓶子，想方設法弄點油帶回家去，所以德軍工地上的各種物資經常會莫名其妙地丟失。

除了徵召本地勞工外，為了彌補勞動力的不足，德軍還把很多戰俘和集中營裏關押的囚犯變成了奴隸勞工。1943年7月8日，希特勒親自下令把30萬蘇聯戰俘送到煤礦做工。在所有被奴役的外國戰俘中，最受虐待的是蘇聯戰俘，用希特勒的話來說就是，「他們有幾十萬人確實是餓死或凍死在我們的營房裏，這件事對我們的友人或是敵人而言已經不是什麼秘密了。」此外，德軍還讓猶太婦女到工廠做工，如布痕瓦爾德集中營裏就有600名猶太婦女被送到克虜伯工廠去做工，這些猶太女人的處境更是慘不忍睹。

納粹德國所使用的戰俘勞工的數量是相當驚人的，約有上百萬之眾，在M119局的一份檔案中記錄著1944年7月抵達英國的14名蘇

●德國空軍元帥戈林在法國沿岸視察，面對美麗的海景，他不由感慨：「我真的非常喜歡住在海邊！」大人物當然可以隨便感慨一下，但對那些勞工和戰俘來說，這裏卻是他們的埋骨之處。

聯戰俘的談話記錄:「德軍對戰俘和平民的態度沒有什麼區別,沒有食物,沒有衣服,大部分的人都勞累致死或直接被打死。在工地上有很多戰俘趁德軍不注意逃出了工地,由於碼頭和公路被德軍控制,他們只能躲在一些荒廢的舊房子裏或者一些好心的居民家裏,但德軍會在工地附近搜索,一旦發現逃亡的戰俘或者奴隸勞工,德軍將其抓回營地後會對其施行酷刑。首先是用皮鞭抽,然後關進地牢,每天的食品供應降到只有200克。德軍給的食物非常少,為了抵禦饑餓,戰俘們只能在工地上挖各種東西,運氣好的話能挖到土豆,有時是草根。如果在海灘上的話,大家就會去撿海螺或牡蠣。在一些重點防禦地區,工地上的活太重,約有一半的勞工最後都會死掉,很少有人能熬過6個月。」

儘管德軍可以隨意處死勞工和戰俘,但當他們發現勞工數量的缺額越來越大後,也不得不象徵性地改善了勞工的待遇,提高了伙食標準和醫療條件。但這並不是納粹們在發善心,他們這麼做僅僅是期望勞工的生命能延長幾個月,好為他們多幹點活。

當然,筆者並不知道這些勞工和奴工中有沒有有色人種作為奴工的情況,比如說華人或者朝鮮人。但是可以想見,在標榜著「膚色越深種族越劣等」的納粹眼中,這些「黃皮膚的猴子」大概連被奴役的權利都沒有,而只能被算作初級工業原料,用來製造比如製造肥皂、坐墊(毛髮填充)一類的工業品。比較可笑的是,在納粹已經被德國人民唾棄了60年之後,一群在東亞長大的「黃皮膚的猴子」居然開始崇拜起這些在歐洲和過街老鼠一樣的東西。並到處找尋「元首對中國人多麼好」的事例,以證明納粹若是殺過來,他們只需要敬個舉手禮喊句「希特勒萬歲」就不會被送進焚屍爐、作肥皂,甚至能有機會穿上那身黑皮一般。而實際上,許多當時在德的華人能保住小命的原因,只不過是因為納粹政府承認偽滿洲國,並和汪偽政權有往來並屬於某種程度上的「盟友」而已當然。其實納粹的本質,從他們和「黃皮膚的猴子」結盟這點,就早為世人洞悉了。

# 第五章 「金湯」的構成種類

德軍對防線的建設樂此不疲的一個主要原因是基於德軍的防禦經濟學的概念，在德軍看來，在前沿陣地上建立起牢固的防禦工事可以減少兵力的投入，節省下來的兵力可以投入到其他戰區。這種理念一直貫穿於德軍大西洋壁壘的建設中，所以在建造各類工事時，其目的並不是為了保護步兵，而是為了加強他們的戰鬥力，即如何在工事火力的強化下，更加有效地打擊來襲之敵。不過這種理念的貫徹也為德軍裝甲部隊的部署帶來了諸多的爭議，這在後文中會詳細提到。

1945年3月1日，美軍下發了一本《德軍手冊》（編號TM-E 30-451），這本指導手冊專門有一章對德軍大西洋壁壘上的防禦工事作了詳細的介紹，並有情報人員分析得出的德軍建造這些工事的設計原則——火力、防護和隱蔽性。火力和防護不必多說，但德軍對工事的隱蔽性也極為重視，其下發的指導檔要求工事必須和地形充分結合，有些工事甚至將隱蔽性放在首位，尤其是人員掩蔽所和作戰物資集散地，要求這些工事的外形盡可能低矮；對陽光和透氣並沒有多高要求的工事一律埋入地下，而頂部則盡可能和週圍的水線相持平。同時為了降低盟軍轟炸機的命中率，防禦工事的對空橫截面要盡可能小，砲臺、彈藥庫等盟軍重點打擊對像對橫截面的要求就更加嚴格，其設計和建造的原則是不妨礙砲手操作火砲就行。當然，上文提及的德軍在大西洋沿岸尤其是英吉利海峽沿岸部署的大量重型砲臺的對空橫截面規模甚是可觀。

總的來說，大西洋壁壘上的工事可以分為如下幾類：敞開型掩體、碉堡、砲臺、封閉型掩體和觀察哨，當然還有各種抗登陸障礙物，如反戰車壕、「龍牙」、各式雷場等等。

敞開型掩體被德軍稱為「托布魯克」型，它來源於德軍在北非的作戰經驗，希特勒的參謀部後來將這種防禦工事的具體建造規格發放到師級單位。這是一種小型的主體位於地下、沒有頂部的圓形防禦工事，工事在地下有一個武器庫，用於存放彈藥和武器，一般有臺階通往上部，掩體的大小通常由平臺內武器的口徑決定，不過其位於地面上的開口直徑一般都控制在一定數值以內，降低被敵方火力直接命中的可能性。後期為了偽裝和防雨，在開口上加裝了一些不規則的蓋子。該型工事中最

## 主要工事的用料情況

　　所有的永久型和部分野戰防禦工事都採用混凝土澆築，其中大型防禦工事採用鋼筋加強，各種鋼筋聯結成25～30公分見方的矩形框埋入混凝土中，鋼筋直徑從10～15mm不等，其中使用最多的是12mm直徑的鋼筋，另外部分關鍵性的工事還採用鋼板或裝甲板加強。各種不同工事採用的混凝土和鋼筋、鋼板的數量如下表所示：

| 工事類型 | 混凝土澆注量 | 鋼筋 | 鋼板 |
|---|---|---|---|
| 47mm反戰車砲砲臺 | 830 | 40 | 6.2 |
| 兩段式掩體 | 660 | 33 | 6 |
| 50mm火砲砲臺 | 535 | 23.5 | 3.2 |
| 反戰車砲觀察塔 | 66 | 27 | 4.1 |
| 彈藥庫 | 740 | 34 | 5.7 |
| 單層式營部 | 990 | 49 | 8.7 |
| 雙層式團部 | 1480 | 68 | 9.1 |
| 補給連連部 | 850 | 43 | 9.6 |
| 野戰火砲砲臺 | 1330 | 63 | 15.6 |
| 步兵小口徑火砲砲臺 | 385 | 17 | 4.1 |
| 指揮所通信中心 | 1100 | 53 | 10 |
| 小型觀察哨 | 485 | 23 | 3.7 |
| 重機槍掩體 | 610 | 30 | 5.3 |
| 戰車砲塔掩體 | 1730 | 83 | 7 |
| 大型醫療中心 | 1360 | 50 | 20 |
| 120度射界火砲掩體 | 1080 | 52 | 11 |
| 6人制小型人員掩體 | 500 | 23 | 6 |
| 15人制人員掩體 | 570 | 24 | 7 |
| 60度射界火砲掩體 | 495 | 20 | 5.4 |
| 75mm火砲掩體 | 340 | 16 | 4.5 |

　　當然，也有部分工事只採用了磚石結構，這些通常只是一些簡易觀察哨等。德軍為了加快建設速度，對一些觀察孔、砲塔、門、工事內部大樑、火砲防盾等金屬部件都採用預製件，並採用統一編號以方便訂購和維護。不過由於有些地區地勢過於崎嶇，工程車輛難以進入，而且施工比較困難，因此德軍乾脆製作了大量的水泥預製板，直接運到工地組裝大型工事以加快進度。根據調查顯示，大西洋壁壘普

通工事的頂部和牆壁的混凝土平均厚度達到了2公尺，一些大型砲臺的混凝土牆壁和頂部的厚度則超過2公尺以上，而且口徑越大，其混凝土澆注的厚度也相應增加，英吉利海峽沿岸的一些重型砲臺的工事厚度超過了3公尺。一些關鍵性的工事內頂部還用I形金屬橫樑（即工字梁由短翼緣和一個十字部分做成象字母I的鋼制托梁或主樑）強化，梁的大小由跨度決定，然後在橫樑之間鋪設鋼板，再在上面澆注鋼筋混凝土，這樣的天花板強度足以抵抗大口徑榴彈或者重型航空炸彈的直接命中。

為常見的是編號為58c型，德軍稱其為Ringstand的機槍型工事，裏面安裝有一個環形槍架，可以提供全向射擊。從圖例中可以看出，Ringstand的進出口也在地下，即進出口挖在己方戰壕內。還有一種61a型工事也屬於托布魯克型，其內部一般安裝1門50mm迫擊砲，該砲雖然口徑小，但由於射界靈活，在對付海灘上的盟軍士兵時有著致命的殺傷力。此外，

●（左）正在吊裝的機槍掩體，採用全鋼製造，重達3噸，上面開有6個觀察窗，在掩體上方有個供出入的小口，尺寸只有50～58公分，掩體內部的機槍手只能通過一個踏板式鼓風機通風，這種掩體的上半部分裝甲厚度達120mm，而下半部分由於埋入土中厚度只有20mm。（右）在盟軍實施諾曼第登陸時，大西洋防線上還是有部分工事沒有完工，圖為在諾曼第附近的一處未完工的工事。

●正處於建造狀態的大西洋防線上一處典型的掩體,可以看出這種加強型工事採用了鋼筋混凝土結構,其通風管和煙囪都已經埋在混凝土中,可以推斷這種掩體直接用混凝土澆注而成。

德軍還在一些托布魯克工事上安裝戰車砲塔,一般都取自俘獲的法國雷諾35戰車的砲塔,內部裝1門37mm反戰車砲和1挺並列機槍,砲塔安裝在基座上,能360度全向射界。

德軍在大西洋沿岸建造了為數眾多的碉堡和砲臺,這些碉堡和砲臺的混凝土牆厚度都在2公尺以上,火砲射擊口外都安裝有防護盾,同時射擊口都設計成漸進式,防止跳彈傷及工事內士兵。針對大西洋沿岸的特殊情況,德軍專門召集托特組織和軍方的工程人員設計了600系列工事,在大西洋沿岸使用最為廣泛的為以下3種:

630型碉堡:內部主要安裝輕型反戰車砲,混凝土牆體和頂部厚度2公尺,不過後部的混凝土牆體厚度比較薄。630型碉堡是一種混合型工事,牆體左後方還有一個機槍射擊口用於射殺靠近牆體側面意圖炸毀工事的敵軍,此外在工事內部的階梯下方有1挺機槍,可以防止來襲的敵方步兵從正前方通過火砲開口進入,通常該型碉堡在牆體正上方還安裝有1個機槍塔。針對不同的地形和環境,630型工事在各地有著諸多變種,其配置也會有所改變。一些重型的鋼鐵大傢伙有時也會出現在630型碉堡周圍,而有的機槍碉堡採用全鋼製造,一般分為上下兩截製造,安裝

時焊接，整體重量超過3噸。這種碉堡的上半部分安裝有觀察孔、射擊孔、通風設施，鋼板厚度為12公分，頂部為5公分，下半部分由於要埋入土中，所以厚度只有2公分。

　　685型砲臺：主要用於210mm口徑火砲，頂部混凝體厚度為3.5公尺，側面牆體2公尺，其設計相對比較簡單，只有彈藥庫和供砲手居住的房間，一般內部都有2個彈藥庫，每個可以容納210mm口徑火砲砲彈120發，128mm口徑火砲砲彈150發。火砲水準射界60度，高低射界40度，這種砲臺有大批的衍生型，諸如683型、684型、686型、688型、689型、690型、692型、694型等都是基於685型發展而來。不同的型號有不同的射界，以適應不同的地形，同時可以在週圍加蓋偽裝網來迷惑盟軍。

　　677型砲臺：主要用於為主陣地提供側翼火力，所以朝向海灘的一側有突出的牆體，牆體厚度視具體情況而定，一般都在2公尺以上，內部通常安裝口徑在88mm以上口徑的火砲（右為結構

●（上）安裝迫擊砲的托布魯克型工事。（下）陣地裝甲型托布魯克防禦工事，安裝雷諾35戰車的砲塔。

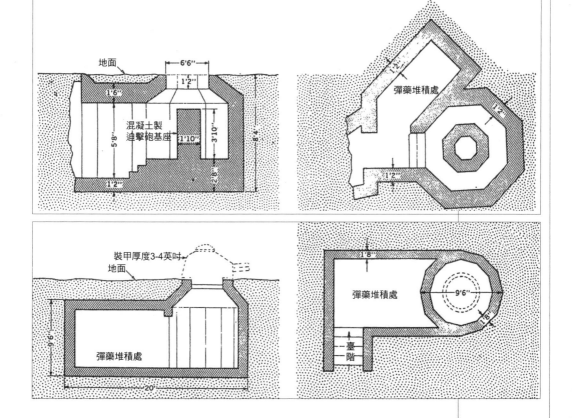

●（上）在法國海岸線上，一座H35砲塔被安裝在托布魯克型工事上方，砲塔非常小，而且週圍幾乎與地面垂直，地面火力很難對付。（下）德軍685型砲臺結構示意圖。

示意圖）。

除此之外，在一些關鍵點上德軍還建有一些數量不是很多，但規模巨大的特殊砲臺，如密魯斯陣地。這個陣地是海峽群島中最大的，配有4門305mm火砲的裝甲砲塔，這種火砲可以發射重達250公

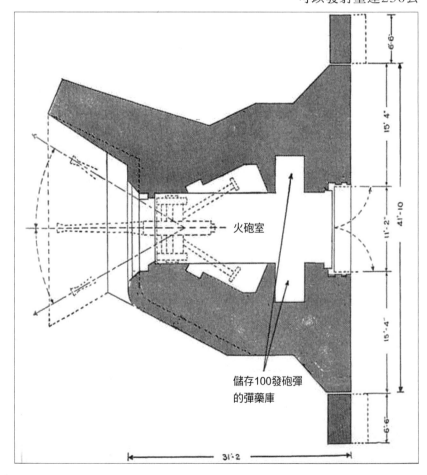

火砲室

儲存100發砲彈的彈藥庫

斤的高爆彈或者105公斤的穿甲彈，射程28～38公里。士兵居住間可供72名士兵進駐，陣地週圍佈滿鐵絲網和雷場，指揮中心內部配有各種光學測距設備，陣地中還配備有專門的觀察哨。除此之外，陣地附近還配有9門20mm高射砲以及3座偽裝成民房的彈藥庫。這些砲臺根據地形和環境都各不相同，也沒有具體的代號。從其規模中可以看出，在建造這些砲臺中投入的人力、物力是多麼的龐大。

　　大西洋沿岸駐守了不同的部隊，上述的砲臺和碉堡的數量有限，分佈更為廣泛且更為靈活的是各種封閉型的掩體。這種掩體一般都處於上述砲臺或者碉堡組成的防線後方，一般都只能容納10人，也有部分能容納20人左右。這種掩體作用非常多，除了可以為在防線上執行作戰、巡邏任務的部隊提供棲息之地外，還可以當作預備隊的臨時屯兵處、指揮所、醫療所、情報中心等等，當然作為這些特殊機構的駐地，這些掩體在建造上會有所不同。

　　在大西洋壁壘上使用最為廣泛的封閉型掩體是621型掩體，設計容量為10人（1個班），全部埋入地下。頂部混凝土厚度為2公尺，覆蓋有至少30公分厚的土，內部採用I形金屬橫樑結構，金屬梁長4公尺，上面再鋪設鋼板，形成全鋼型天花板。此外在入口和門框上方還有較短的I形金屬橫樑，防止入口被砲擊炸塌。掩體後方有經過偽裝過的斜坡通往戰壕，戰壕的外部出入口就開在斜坡末端，從空中根本無法發現這種出

●德軍630型碉堡結構示意圖，次類碉堡安裝有反戰車砲組作為主要火力，並由遮斷堡壘前方出入口以及反戰車砲射擊口的機槍火力點來進行自我掩護，這種類型的地堡以及其變形體是構成「金湯」的標配。

●（上）民房抑或砲臺？當然是砲臺，德軍通常對其砲臺進行巧妙的偽裝，大西洋沿岸口徑最大的火砲是圖中類似的密魯斯砲臺，來自一戰時期俄國訂購但未交貨的主力艦用主砲。第一次世界大戰結束之後，這種未計入帳冊的「外快」被心有不甘的德國人千方百計地藏了下來，雖然這沒什麼用。圖中這個砲臺位於根西島。（下）629型反戰車掩體大小和複雜性都在621型人員掩體之上，構築有專門的反戰車砲掩蔽處，並被設計成可以將反戰車砲拖出掩體執行任務的構造。

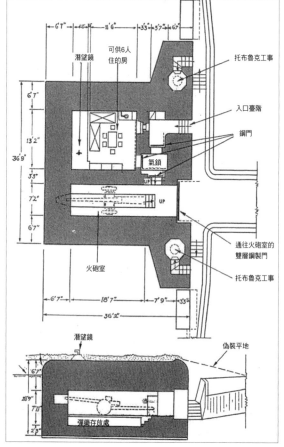

潛望鏡
可供6人住的房
托布魯克工事
入口臺階
鋼門
氣鎖
UP
UP
通往火砲室的雙層鋼製門
托布魯克工事
火砲室

潛望鏡
偽裝平地
彈藥存放處

入口。在掩體側翼有1個托布魯克型工事，用於觀察。掩體內有2個通道用於快速進出，在通道的末端都開有射擊孔，可以通過事先架設的機槍封鎖通道，防止盟軍士兵進入。通道內有3道25ｍｍ厚的鋼制門，全部採用氣壓鎖，而且只能朝外打開。由於掩體內有廚房，因此621型掩體的煙囪被設計成了「防手雷型」，即煙囪採用人字形設計，廚房

出來的煙道以較小的坡度斜向上，然後垂直向上，在交叉點開設一個斜向下的通道，可以直接把從煙囪丟進來的手雷順著通道排到緊急出口，對掩體內部的人員沒有任何殺傷。掩體的地面通風孔安裝在2個通道末端上方，共4個通風口，在地面有數個容易被發現的偽裝通風孔，用於迷惑盟軍士兵，而真的通風孔則作了較好的偽裝。通風設備由電機驅動，緊急情況下可以手動驅動。工事內安裝有較好的通信系統，首先是在通道入口有電話，在托布魯克型工事內也有電話和通話管，電話線深埋於工事地下，並且和其他掩體相連。部分621型工事在地面安裝有鋼製砲塔，內部安裝機槍。

629型反戰車掩體的基本構造和其他掩體類似，只是在掩體內側多了一處結構用於容納反戰車砲和彈藥。反戰車砲除了能在掩體內發射外，還可以拖出掩體，直接在掩體後方的空地上發射，這種掩體兩側佈置有2個托布魯克型工事，形成交叉的機槍火力可以有效防止敵軍直接搗毀火砲掩體。反戰車掩體和托布魯克型工事之間可以通過電話和通話管聯絡，為了便於觀察，629型反戰車掩體上方裝有供反戰車砲砲手瞄準用的潛望鏡。

除了德國陸軍使用的各類工事外，德國空軍的L400（L代表Luftwaffe）系列工事在大西洋壁壘上也比較常見，其中L409混合型工事專門用於安裝輕型防空火砲，L405型工事為雷達站，L411則作為探照燈站，L434型為營級

●（上）掩體牆上塗滿了偽裝色，這個掩體還集成了一個托布魯克火力點。（下）621型人員掩體結構圖，內部構造複雜，其煙囪的設置也相當巧妙。

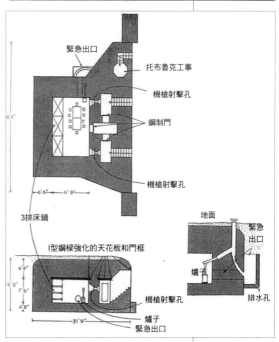

指揮所，而盟軍重點打擊的L407型則是彈藥庫。

除了各類掩體和碉堡砲臺，德軍在大西洋沿岸還建造了大量的觀察哨。有些小型觀察哨只能容納數人，而大型的複合觀察哨則跟雷達站差不多。例如636型觀察哨，內部有專門的觀察室、繪圖室、雷達室（安裝有烏爾茨堡雷達）、通信設備室以及官兵臥室。由於官兵臥室修得太小（只能容納2名軍官和9名士兵），對於一個占地近300平方公尺的觀察哨來說這點兵力顯然是不夠的，因此德軍通常會在觀察哨附近再建造一個人員掩體。

為了迷惑盟軍，德軍對碉堡和砲臺上都進行了偽裝，如將砲臺或者碉堡的外壁漆成各種民用房屋的外形，或者加裝偽裝網，有些更簡單的則直接在工事外壁塗上泥巴，與週圍的地貌保持一致。一些臨海的工事會在外壁上畫上窗戶和門，偽裝成濱海別墅。一些火砲陣地的大部分都埋入地下，僅僅將砲管露出地面，為了躲避盟軍轟炸，這些砲管上還掛上了偽裝網或者帳篷。

除了上述的一些工事外，在大西洋沿岸還有一些神秘的工事連德軍的高級將領也不曾得知。1943年夏，龍德斯泰特被告知將在比利時奧斯坦德和勒阿佛爾之間的沿海地帶內由托特組織修建大規模的防禦工事，

● （左）L400系列堡壘中的L409型混合輕型工事，頂部被設計用來安裝輕型高射武器（右）636型觀察哨所構造圖。

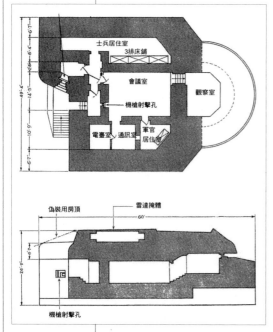

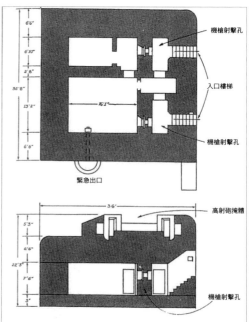

但他並沒有被告知這是什麼類型的工事，只知道這些工事都是在高度保密的情況下開始修建的，就連負責該防區的第15集團軍司令官都不允許進入施工地區。覺得事情非常蹊蹺的龍德斯泰特和他的參謀部曾設法向最高統帥部發出詢問，但收到的答覆居然是「不知道」，由此可見這些工事的保密程度之高。當然，我們現在已經知道這些工事是V型飛彈的發射場和發射井。後來希特勒為了平息龍德斯泰特心中的不忿，向他稍微透露了一點內幕，這些工事是「特種武器裝備的總部」。結果一直到V－1飛彈滿天亂竄的時候，老元帥才知道那些神秘的東西究竟是什麼。

●（上）偽裝成小屋的629型反戰車掩體，只有近距離觀察才能看明它的射擊口和伸在外邊的反戰車砲砲管。
（中）構築在碉堡上的偽裝建築結構。往往，以整個碉堡群被偽裝成一個海濱城鎮。但是，這種偽裝究竟能起多大成效德國人自己也不置可否。
（下）在偽裝成海邊別墅的碉堡外牆上，德國人畫上了門和窗甚至是窗簾，以及一位倚窗而立坐的老婦人。圖中的幾個百無聊賴的德國士兵途經這扇「窗戶」跟前，正在風趣地向「老婦人」致敬。

## 第六章 「金湯」的品質報告

　　由於建造大西洋壁壘的人數眾多，而且各種工事型號繁雜，數量龐大，加上防線長度史無前例，如何確保各種工事的品質成為德軍高級將領最為關心的問題之一。在這些將領中，魯道夫‧史密策中將是比較有名的一個。1940年8月15日他被任命為大西洋壁壘的工程總監，從1943年秋開始，他就要求要塞工兵參謀部每隔一定時間就向他報告盟軍轟炸機投下的炸彈對工事產生的損傷，以及盟軍主力艦艦砲對工事砲擊時砲彈的破壞力。1944年6月2日～7月10日，他奉命前往巴黎彙報大西洋壁壘中工事的品質問題。這份名為《大西洋防禦工事抗航空炸彈和海軍重型火砲打擊能力》的報告後來被盟軍繳獲，其內容不僅有來自陸軍工程兵參謀部的第一手資料，而且還有來自托特組織、德國空軍和海軍等相關部隊的詳細資料，由

● 一名美軍憲兵正在察看猶他灘頭的一座被炸得千瘡百孔的H650型反戰車掩體。掩體表面的混凝土都被氣浪剝離，露出了內部的鋼筋。

於史密策中將曾親自前往工地考察報告內容，因此這份報告具有非常高的研究價值。這裏節選了有關人員掩體和砲臺的內容。

在史密策中將的報告中，他引用了一個非加強型人員掩體的例子。該掩體的頂部混凝土厚度為2公尺，內部住著1名中士和8名砲兵，在一次空襲中掩體被航彈直接命中3次，其中第一枚炸彈就在防護相對較弱的牆邊爆炸，文中記錄如下：「炸彈爆炸時，掩體發生了劇烈的顫動，桌上的瓶子和碗等都掉到了地上，電燈一下子就熄滅了。我們能感覺到從天花板掉下來的小混凝土塊，屋內全是灰塵，呼吸變得非常困難，不久一切就恢復了平靜。我們點燃了蠟燭，發現掩體內部沒有什麼大的損傷，牆上只有幾條細小的裂紋，承重牆上只有支撐金屬大樑的屋角有幾塊破碎的混凝土掉落。5～10分鐘後，第二枚炸彈掉在了離第一枚炸彈爆炸不遠的地方，距離不超過50公分，這枚炸彈產生了同樣的效果，不過掩體內的幾道裂紋長度加長了，更多的小水泥塊掉了下來，而人員則沒有任何損傷。15分鐘後，第三枚航彈又掉在掩體頂部，距離第二枚航彈彈著點大概3公尺遠，中士和3名

● 諾曼第登陸成功之後，美軍士兵正在察看一處被航空炸彈完全破壞的629型反戰車掩體。可以看到，雖然掩體本身的結構依然完整，但是在巨大的爆炸威力和氣浪衝擊之下，內部的人員是沒有生還機會的……

砲手就坐在彈著點正下方。炸彈炸裂了掩體頂部，大塊的混凝土將靠牆而坐的4名砲手當場砸死，砸傷1人。」

經過調查發現，落在掩體上的3枚炸彈都是500公斤級的重型航彈，掩體經受住了前2次爆炸，但在第三次爆炸中被摧毀，且無法修復。不過前2次爆炸的彈坑卻異常的小——只有10×15公分，史密策中將用「不尋常」來形容這個工事。從這個例子中我們可以看出，非加強型工事就已經具有非同一般的防護能力，那些混凝土厚度達到3公尺的加強型工事已經可以用銅牆鐵壁來形容了。

史密策中將的報告中還引用了一處砲臺的例子，1枚大約250公斤的炸彈在離火砲射擊口2公尺遠處的空中爆炸，此時和射擊口正對的砲臺裝甲門正處於關閉狀態，砲臺外壁幾乎沒有什麼損傷，但在砲臺內部的人員卻死傷慘重。

「砲架被炸得變形，但砲管完好無損，11名砲手全部仰面朝天躺在地上陣亡，檢查屍體時發現其肺部全部炸裂，裝甲門也已炸裂，下半部分在距離砲臺30公尺處找到，而上半部分的殘骸則飛到了距離工事50公尺遠處，火砲在更換砲架後仍然可以使用。」顯然這是爆炸產生的衝擊波造成的後果，尤其是在這種密閉型的工事內，由於火砲射擊口的橫截面積比較大，所以只要在火砲射擊口附近爆炸，同樣會對工事內的人員產生致命殺傷。經過調查後，德軍的一些專家認為要想避免悲劇的再次發生，要麼減小火砲射擊口的橫截面積，要麼將裝甲門處於打開狀態。不過打開裝甲門的話又會讓掩體正面的入口受到彈片襲擊，最後的折中方案是讓裝甲門處於開啟狀態，但在掩體入口處堆砌有一定坡度的土堆來阻擋破片。

下面再來看另一處陸軍砲臺的例子，這是位於奧恩河口東北的靜態砲臺（砲架安裝在水泥基座上，射界有限），包括4門沒有任何防護措施的火砲和左翼2門設置在掩體內的火砲，掩體混凝土牆厚2公尺，按常規方法建造。這個砲臺遭受了嚴重的砲擊和盟軍的空中打擊，按照史密策中將在6月24日的描述，這個砲臺遭受了最「不公平的打擊」：「整個砲臺上到處都是彈坑，有些彈坑無疑是1000公斤級的炸彈留下的。整個砲臺的人員傷亡只占了總人數的25%，在如此密集的火力打擊下，人員傷亡率降到如此低的水準，高水準的掩體在

其中發揮了重要作用。我軍在砲臺週圍建造了幾處加強型的人員掩體，同時也得益於防空預警系統很早就發現了來襲的敵軍飛機，雖然被敵軍的重磅炸彈直接命中了很多次，但這些作為人員、彈藥庫、指揮中心和觀察哨的強化掩體表現得相當出色，沒有一個倒塌，而且幾乎都沒有大的損傷。

在4門沒有防護的火砲中，只有1門還算完好無損，仍然位於老位置，只不過在砲管和砲架上發現了幾處彈片削過的傷痕，空襲2個小時後這門火砲就又投入使用。另外3門火砲受損嚴重，工程人員無法在現場將其修復，只能將其拆卸後送回後方工廠修理，2～4天后恢復。

另一方面，另外2個封閉型砲臺卻在空襲後完全損壞，這只能歸結於這2個砲臺的粗製濫造，設計方案明顯存在瑕疵，比如和地形的結合並不是很好，週邊沒有土牆保護，混凝土的品質不過關等因素。敵軍的航空炸彈直接穿透頂部，砲臺內部的裂紋大得驚人，掩體的四壁都有大塊碎片飛濺出來，2個砲架都已經完全損壞。英國海軍的納爾遜號主力艦曾對第六門火砲所在的砲臺發射了10發重型穿甲彈（406mm口徑），其中有1發直接穿透砲臺，不過幸運的是彈丸直接掉在了掩體後方的空地上，40分鐘後才爆炸，可能是英國人使用了延時引信而且剛好將時間設置錯了。」

● 遭到盟軍強大的主力艦火力轟擊的砲臺，砲擊區域內一片狼籍。

史密策中將對此下的結論非常有意思：「元首期望的有很強抗打擊能力的砲臺沒有能夠抵擋住敵人的炸彈，而4個沒有任何防護措施的砲臺反而頑強地生存了下來。這種加強型砲臺作為德軍當時在大西洋壁壘的標準砲臺到處可見，砲臺內部的火砲部分安裝在可移動砲座上，允許將火砲拉出掩體射擊，當然也有部分安裝在固定砲座上。為這些火砲設置厚實的防護掩體是為了能在敵人猛烈的空襲和砲火打擊下能夠繼續作戰。但很不幸，這些砲臺並沒有達到我們預期的目的。這些砲臺的火砲射擊口和高聳的牆壁、入口的大門都是盟軍打擊的靶子，這些掩體的頂部厚度只有2公尺，最厚的也不過3公尺，而且很多掩體的四週並沒有土牆作為保護，這樣的防護措施在大規模空襲和重砲的打擊下顯然是不夠的，如果要達到預期的作戰效果，必須在掩體上方和周圍加鋪大量的土石。考慮到工程量，托特組織不願意承擔這些專案，他們認為按照他們目前的人數只能承建元首急需的砲臺，而不是去幹堆土石這種活。從實際出發，考慮到當時的作戰環境，為這些龐大的砲臺追加防護措施顯然是不太現實的，所以幾乎沒有方法來消除矗立在大西洋沿岸的砲臺的缺陷。」

這些只是史密策中將報告中的部分摘錄，1947年，被盟軍俘獲的馬克思‧帕姆塞爾中將對史密策中將的報告作了評註：「這是一份來自專家型將領的非常精確的報告，從報告中可以看出，小型的工事如人員掩體和彈藥庫掩體、觀察哨等受到了士兵的歡迎，的確發揮了重要的作用，另外如托布魯克型火力點等小型工事也是非常成功的。然而，大型砲臺卻不是很成功——和早期預計的一樣，只要火砲不被摧毀，經過巧妙的偽裝後仍然可以出其不意地打擊對手；但如果放在砲臺內，當轟炸來襲時，則顯得非常被動。而砲臺唯一的優點就是將火砲陣地被敵方火力擊中的幾率減小，同時提供較大的射界和靈活性。但這卻耗費了巨大的人力和物力，同時巨大的砲臺也成為盟軍飛機和艦艇最好的靶子。」

## 第七章 「戰車」開往聖納澤爾

　　大西洋壁壘在大規模修建之前，除了盟軍小股突擊隊的不間斷騷擾之外，規模最大的一次襲擊是英軍對法國聖納澤爾港的突擊。聖納澤爾位於布列斯特港以南240公里處，盧瓦爾河就在這裏注入比斯開灣。由於此處有法國唯一可容納德國大型戰艦的諾曼第幹船塢（船塢長350公尺，寬50公尺，可容納85000噸級的船隻進入維修），此港被德軍佔領後已經成了德國海軍的重要基地，德國人在這裏整訓海軍人員，還修建了7個U艇洞庫。由於盟軍擔心俾斯麥級主力艦「提爾皮茨」號利用此港進行整補，成為其在大西洋上大開殺戮的後方基地，因此英國人決定摧毀這裏的大型幹船塢，打亂該艦的作戰部署。由於當時的精確轟炸從技術上來說還達不到摧毀點目標的要求，於是英國人想到了派突擊隊登陸的方式去炸毀船塢，行動代號「戰車」。

　　破襲諾曼第船塢的任務是相當艱巨的，負責指揮特種作戰行動的突擊部隊指揮官是奧古斯都紐曼中校，行動總指揮則是萊德上校。紐曼接受任務後，立即著手準備工作，建立了破襲戰鬥指揮部，從各處抽調精幹的官兵。由於聖納澤爾的德軍兵力有所加強，因此最終有268人加入了

●1941年中德國海軍主力艦「俾斯麥」號的行動意味著大西洋之戰進入了一個新的階段，德國海軍已經擁有了可以和皇家海軍主力艦正面交鋒的武器。儘管「俾斯麥」號在皇家海軍的圍攻下沉沒，但是其姐妹間「提爾皮茨」（下圖）仍然健在。

●法國戰前為修繕超級郵輪「諾曼第」號在聖納澤爾港建造的巨型諾曼第船塢，將賦予這艘危險的德國戰艦在大西洋進行活動的能力。而德國海軍敢於動用最新式的大型主力艦執行遠端破交作戰，也是基於法國大西洋沿岸有船塢可以容納並維修俾斯麥級主力艦的考慮。上圖為「諾曼第」號郵輪進入諾曼第船塢維修時拍攝的照片，這艘船長達300公尺，讀者可以衡量一下這個巨型船塢的規模。

這支突擊隊。英軍對如何徹底炸毀船塢大門做了精心設計，由於船塢大門長51公尺，高16公尺半，厚度足有11公尺，因此只有用重載船隻對其進行衝撞並在衝撞後用數量巨大的炸藥將其炸毀才行。最終，英軍計劃用驅逐艦實施衝撞，然後用高爆炸藥炸毀驅逐艦尾部，使之下沉，讓德國人在短時間內根本無法移動這條破船。為了給突擊隊員留出足夠的撤退時間，定時炸彈將在撞擊成功的8小時後引爆艦艏裝載的24枚深水炸彈（這些炸彈裝在一個被混凝土覆蓋的特殊彈藥箱中），徹底破壞船塢大門。在驅逐艦撞擊船塢吸引德軍注意力的同時，搭乘摩托艇的突擊隊員將登陸破壞水泵房、電力設施、船閘控制室、動力系統及油罐等有價值的目標。

起初英國皇家海軍並不同意犧牲掉1艘寶貴的驅逐艦來執行這種肉包子打狗的任務，他們只願意提供潛艇，後經多方努力，海軍終於同意拿出老式驅逐艦坎貝爾敦號來執行任務。該艦原來是美國海軍的布坎南號，屬於美國一戰時期建造的威克斯級平甲板型驅逐艦，於1940年通過《驅逐艦換基地協定》移交英國皇家海軍，成為英國50艘城市級驅逐艦的一部分。為了能隱蔽接敵，從3月10日開始該艦進行了大規模的改裝，盡可能減小其吃水深度，同時在外形上一眼看去有點像德國人的驅逐艦，在突襲行動中該艦的艦長是史蒂芬比托少校。

此時，德軍在聖納澤爾港的守軍人數約有5000人，相比即將到來的

襲擊者並不算少。但這些部隊大多數是缺乏近戰能力且部署分散的海軍岸防砲兵、高砲部隊、雷達站以及掃雷艇和魚雷艇隊，港區內多為托特組織的工程人員、海軍技術人員和潛艇官兵，外加1個守備連，真正具有戰鬥力的陸軍第333師679團並不駐紮在這裏。嚴格說來，德國人還是考慮到了盟軍攻擊的可能性，這從岸防砲兵營裝備的4門240mm鐵道砲上就能感覺到，但誰都沒想到的是盟軍的攻擊方式。德國人認為從盧瓦爾河河口到聖納澤爾港水域遍佈的小口徑高砲和探照燈，加上一些巡邏艇便能封鎖住盟軍小型船隻沿河而上的攻擊，顯然這有些一廂情願了。

　　1942年3月26日14：00，襲擊部隊從法爾茅斯港起航出發，比預訂時間提前了1天。經過30小時的航行，船隊有驚無險地抵達了盧瓦爾河的河口處（路上曾遭遇了德國潛艇U－539號，護航的驅逐艦把它趕跑了），在最後一次協調了各艇的攻擊目標之後，萊德和紐曼決定於27日22：00發起攻擊。坎貝爾敦號升起了德國海軍旗，率領各艇沿著盧瓦爾河向聖納澤爾港內的目標駛去。此刻所有的突擊隊員都在祈禱，希望船隊不要被河道內的沙泥淺灘困住，更不要被德國人提前發現。

　　接近午夜時分，英國皇家空軍的轟炸機準時出現在港口上空開始轟炸，正航行在卡彭特水道中的英軍船隊清楚地聽到了來自上游的爆炸聲和防空武器的射擊聲。當德軍探照燈的光芒劃破夜空時，更顯得在黑暗中行駛的船隊

●（上）在前往聖納澤爾港前，坎貝爾敦號安裝了防護裝甲和眾多的沙袋來保護裏面的突擊隊員和水手，同時對艦橋和煙囪進行了改裝，使之從遠處看像1艘德國的驅逐艦。

（下）除了採取衝撞戰術的「坎貝爾敦」號驅逐艦外，英軍的突擊隊將搭乘摩托艇登陸，進一步摧毀船塢的各配屬設施。

●行動之前由一架偵察機拍攝下的聖納澤爾港，注意其巨大的諾曼第船塢。

是那麼隱蔽，皇家空軍的轟炸機看來已經讓德軍手忙腳亂了，突擊行動成功在望。殊不知，恰恰是由於英軍轟炸機的舉動引起了德國人的警惕。

德軍第22海軍高砲旅旅長梅克上校在掩體內觀察了英軍轟炸機的表現後覺得有點不對勁，老道的梅克發現英國人雖然派出了3波次的轟炸機，但這些飛機卻並沒有投下多少炸彈（由於雲層過低，英軍飛行員擔心大量誤傷法國平民而甚少投彈，僅僅是在港區上空盤旋吸引德國人的注意力），頗有醉翁之意不在酒的感覺。生性多疑的他在和情報人員分析了英軍的真正動向後，認為這些飛機也許在掩護類似空降的秘密行動。於是他立即致電各個觀察哨和戰鬥值班崗位：「敵人的轟炸機非常可疑，可能會馬上實施傘降，提高警惕」。凌晨1：00左右，英軍轟炸逐漸停止，剩餘的幾架飛機僅僅在高空盤旋。梅克下令停止射擊，關掉了所有的探照燈，但所有砲手不得離開砲位，加強對空觀察。不過，此時德軍並沒有留意河面的情況。

第809高砲營的伯赫內中校在長時間對空觀察後決定放鬆一下脖子，於是他舉著手中的高倍望遠鏡向水面看了起來。沒想到，原本應該空蕩蕩的水面上居然出現了艦艇模模糊糊的影子，而且這些艦艇正直奔港口而來。他立即向港口司令部報告，但港口司令部卻要他繼續留意空中的情況而不是將時間浪費在水面上，因為此時剛好有德軍的巡邏艇在港外巡邏。預感到事情不妙的伯赫內立即給梅克上校打了電話，此時大約是1：15，位於聖馬克的雷達站也向梅克上校報告說發現有17艘小型艦艇正在接近港口。梅克當即命令參謀致電港口司令部，要求對飛馳而來的艦艇編隊進行身份確認，為了防止敵人偷襲，梅克同時下令所有高砲部隊做好戰鬥準備，「防止敵軍登陸」的暗語暫態傳遍每個角落。

　　一名德軍軍官後來在檔中記錄道：「在接到梅克上校的通知後，我們立即將所有的機槍都朝向了水面，高射砲也都調整了射界，所有人員都嚴陣以待，掃雷艇和港口的一些小汽艇上的人員都拿起槍做好了射擊準備，掩體中的部隊全部進入了戰鬥崗位，就連梅克上校身邊的書記員等人都拿起了槍。」

　　與此同時，海軍岸防砲營也做好了戰鬥準備，對英國人來說無比幸運的是，由於通訊聯絡的問題，探照燈並沒有及時打開，一直到5分鐘後探照燈才開始照向水面，也許就是這幸運的5分鐘給了英國人足夠接近目標的寶貴機會。

　　此時英軍突擊部隊離船塢越來越近了，他們實在不敢相信自己的運氣這麼好，到現在德軍都沒有發現他們（嚴格說來其實是沒有識別出他們）。1：22，盧瓦爾河西岸突然射來幾束探照燈光，在探照燈的強烈照射下，密集的砲火傾瀉過來，有2艘汽艇立刻中彈。早有

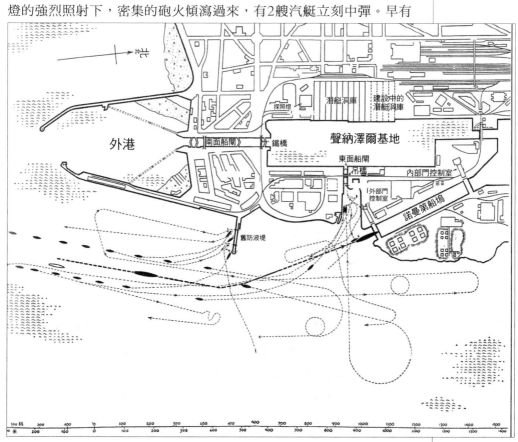

● 聖納澤爾港鳥看圖。

準備的紐曼立刻命令偽裝成德軍下士的通信兵馬卡吉向德軍發出識別信號:「我們是德軍魚雷艇,有2艘艇受傷,請准許進港,緊急!」,這信號是英軍在1941年12月攻擊挪威的博庫塞島時,從德國武裝拖船上繳獲的密碼本中破譯的。德軍很快回覆了信號,大部分砲臺也停止了射擊,只有北岸的2個砲位還在開火,於是馬卡吉再次發出了敵我識別信號。儘管北岸停止了砲擊,但面對這支仍在航行中的船隊,德軍依舊疑慮重重,不得不花了幾分鐘時間與正在港口巡邏的己方巡邏艇進行聯繫,這又為突擊隊的最後衝刺爭取到了寶貴的時間。

當德軍最終確認這是敵襲後,激烈的砲擊又開始了,這回英國人撕掉了最後的偽裝,坎貝爾敦號重新升起了英國國旗,一面猛烈還擊一面全力向船塢發起了衝刺。1:34,驅逐艦以20節的航速帶著累累彈痕重重地撞到船塢大門上,船艏高高翹起壓在了大門上。當猛烈的顫慄停止後,被強大的震動摔倒在甲板上的突擊隊員立刻棄船登陸。5分鐘後,船尾油艙上的高爆炸藥被延時引信引爆,水面上發出排山倒海、震耳欲聾的爆炸聲。這聲巨響使得雙方的射擊停頓了數十秒鐘,德軍這才如夢初醒,原來英軍的目標居然是他們做夢都想不到的諾曼第船塢,然而一切都晚了。

剩下的戰鬥毫無懸念,運送突擊隊員的摩托艇在德軍砲火的猛烈打擊下損失慘重,大部分突擊隊員和船員在登陸前就傷亡殆盡。但

勇敢的英國人還是徹底炸毀了一座鐵橋、船塢泵房、電動船閘和船塢北面的沉箱，要修復這些設備至少需要1年時間。當英軍開始撤退時，由於大部分摩托艇已經被擊沉，因此無法撤退的傷患只能無奈地向德軍投降，大部分突圍的英軍最終還是被德軍俘獲，只有5人在法國人民的幫助下經西班牙回到了英國。

當德國人在天亮後開始收拾殘局時，被夜間戰鬥留下的廢墟殘骸和遍佈港區內外（包括在盧瓦爾河面漂浮的英軍陣亡官兵）的屍體驚得目瞪口呆，他們根本沒想到坎貝爾敦號上還有個「大驚喜」在等待著他們。28日上午10：35左右，船首的深水炸彈終於爆炸了，這給正在清理船塢殘骸和參觀英國軍艦的德軍帶來了巨大的傷亡，也讓倖存的英軍歡欣鼓舞，他們的巨大犧牲終於得到了回報。此次突擊行動，參戰英軍共611人，只有247人回到英國，陣亡169人，其餘345被俘。雖然損失巨大，但大膽的行動基本取得了預期的效果，邱吉爾用「榮譽之戰」來形容聖納澤爾破襲戰，這是對犧牲的英軍勇士們最好的祭奠。

大爆炸使得諾曼第船塢的大門完全變形受損，短期內根本無法修復（一直到1947年船塢和被毀的港口設施才被修好），德軍當天的傷亡是400人，包括40名軍官（多為參觀坎貝爾敦號時被炸死）。兩天后即30

● 3月28日上午9時許德國方面拍攝的「坎貝爾敦」號驅逐艦撞擊後「嵌」在船塢閘門上的照片。一些德國人還嘲笑英方「妄圖用一艘破船來撞毀『我們的』諾曼第船塢」有多麼愚蠢。此時，距離英人安置在船艏的定式炸彈爆炸的時間，不足2個小時⋯⋯

16：30和17：20，聖納澤爾港內又發生了2次爆炸，原來是英軍魚雷艇上發射的定時魚雷爆炸了，舊入口的外閘門被炸毀，入口被封鎖，船塢大門的開閉機器也被炸壞。

不知道詳情的德軍開始恐慌，港口發生了大騷亂，海港內的德軍和正在清理廢墟的托特組織成員紛紛向港外湧去，而駐守在碼頭出口處的德軍第333師679團是新調來的部隊，混亂中誤以為那些穿著卡其布制服的托特組織成員和法國勞工是英軍殘留在港內的突擊隊，驚惶之下用機槍進行了掃射，結果誤殺了大約280人。此後德軍被迫將港口關閉了數日，而諾曼第船塢被直接廢棄。

英軍突襲聖納澤爾港成功後，希特勒惱羞成怒，這也更堅定了他修築大西洋壁壘的信心。船塢的損失還是其次，如果英國人對被德軍佔領的其他港口都如法砲製一把，那德國人在西線的日子還怎麼過？希特勒立即要求龍德斯泰特展開調查。

3月31日，龍德斯泰特前往聖納澤爾港進行了詳細的詢問和調查，最後在向希特勒提交的報告中，龍德斯泰特認為駐守官兵是嚴格按照操作規定執行，並沒有疏忽或者違規，這不是人為的錯誤，龍德斯泰特的潛臺詞顯然是誰都沒有責任。希特勒對此當然不是很滿意，他要求必須有人為此負責，即必須有人「人頭落地」才能平息他的心頭怒火。

為此希特勒又派約德爾在3天后前往龍德斯泰特的司令部「進行督導」，最終的結果是聖納澤爾地區的德國海軍和陸軍將領紛紛相互推諉，把責任都怪在別人身上。而這是龍德斯泰特最不願意看到的：爭吵對正在修建的大西洋壁壘上各軍兵種之間的合作非常不利。

希特勒最終還是將此事的過錯怪在了德國海軍的頭上，為此德國海軍總司令雷德爾元帥對此大發雷霆，他痛斥最高統帥部的那幫做出如此判定的人，為此他專門寫信給凱特爾並要求他為此次事表示道歉，後來當然也就不了了之了。

## 第八章 「慶典」的災難

如果說偷襲聖納澤爾港的「戰車」行動是一次偉大的勝利，那盟軍在1942年8月19日發起的「50年節」【註釋8】行動則可以說是一次慘烈的壯舉，參戰的盟軍在付出了慘重代價後被趕回了大海。

盟軍此次行動的主要作戰意圖是突襲法國北部港口迪耶普，當時制定這次行動的出發點是武裝偵察，即通過武力佔據迪耶普數個小時，奪取港口內部的所有德軍資料，為盟軍的總參謀部提供關於德軍大西洋壁壘建造進度的最為翔實的材料。1942年4月，也就是「戰車」行動成功之後，盟軍就制定了關於武力偵察的行動計劃，並定於7月8日實行，由於天氣原因，計劃在7月7日被取消。然而，這個原本已經胎死腹中的計劃居然死灰復燃了，聯合作戰司令部司令官蒙巴頓甚至連在計劃被取消後一些相關內容已經透過情報系統被故意送到了德國人那裏的事實都不顧了，他繞過英國參謀本部，直接下達了執行計劃的命令。有資料表明，這是由於蒙巴頓的個人堅持和盟軍迫於史達林要求早

● 聖納澤爾港破襲戰大長英國人的志氣，圖為1943年3月27日在該行動勝利一週年紀念日上倫敦時報刊載的專題報導。

【註釋8】

「Jubilee」以前一直被翻譯成「慶典」行動，這個詞的本意是指猶太教的50年節——猶太教《聖經》中以色列人遵守的每50年一次的休息年，這一年中奴隸獲得釋放，抵押出去的土地歸還原主，土地休耕。在羅馬天主教的教義中概念為大赦年，是可以通過做某些虔誠行為獲得全免罪罰的1年。

## 第二戰場的開闢

　　1941年6月22日蘇德開戰後，史達林急電邱吉爾，希望盟軍能夠在歐洲開闢第二戰場，緩解東線上紅軍的壓力。此時邱吉爾憔悴的臉上只有乾澀的笑容：自己被困在英倫三島，美國還未宣戰，德國正處於鼎盛時期，拿什麼去救史達林同志？但在邱吉爾渾身散發著的濃濃的煙草味的背後，他自有他的打算。英國和美國是想徹底剷除納粹，但又不想在歐洲出現史達林主義的蔓延，如果這個雙重目的沒有實現，那麼就算納粹德國被擊得粉碎，西方大國在歐洲的政治利益也會摔得粉碎。所以在歐洲開闢第二戰場上，多重因素使得這些頭頭腦腦們無法統一意見。

　　德軍的鐵蹄一步步地邁向莫斯科，在蘇德戰場上，德國憑藉閃電戰的威力使得紅軍節節敗退，燃燒的村莊和廣袤的蘇聯西部大平原上成堆的戰車殘骸訴說著戰爭的殘酷。英國和美國國內民間輿論紛紛要求政府向蘇聯伸出援助之手，但邱吉爾還是認為此時出兵為時過早，在歐洲開闢第二戰場需要大量的準備和非常詳細的計劃，僅憑英國一國之力是不可能跟軸心國對抗的。此時蘇聯方面戰事越發吃緊，好在莫斯科戰役的勝利暫時遏制住了德軍的鋒芒，不過史達林知道這種以空間換時間的戰略只能抵擋一陣，僅靠蘇聯自身的力量，很難在短時間內把德國人趕出國門。

　　1942年初，蘇聯外交部長莫托洛夫前往倫敦和邱吉爾進行會晤，邱吉爾在會談時表示在1942年開

● 戰時的英國漫畫，門口的孩子分別身穿英國海陸空三軍的制服，詢問邱吉爾：「爸爸，你何時帶領我們去歐洲大陸旅遊？」。

闢歐洲第二戰場是不可能的。同年6月，邱吉爾會見了羅斯福，兩者在討論後決定儘快開闢北非戰場，行動代號為「火炬」計劃。但此時美國參謀長聯席會議是強烈反對美國捲入歐洲戰場的，因為此時美國的戰爭機器還未全部開動，而且美軍人數不足，剛剛徵募的新兵還未訓練完畢，所以此時開闢北非戰場有

點冒險，但英國當時的處境和希特勒瘋狂的進攻態勢讓美國人不得不在7月份就開始了「火炬」行動。

　　1943年1月，邱吉爾與羅斯福在卡薩布蘭卡再次舉行了會晤，會議本來邀請了史達林，但此時斯大林格勒戰役正處於戰略反攻期，史達林也就沒顧得上參加。在長達10天的會晤中，雙方討論的話題只有一個——開闢第二戰場。邱吉爾的計劃是借北非戰場的節節勝利，在歐洲南部開闢第二戰場，而美國參謀長聯席會議主席馬歇爾將軍則拿出了自己精心設計的一套方案，即從英國渡海直接在法國北部登陸，不過被英國方面以風險過高等理由推翻。經過10天的爭論後，雙方最終決定將下一步的進攻方向放在地中海，首先攻佔西西里島，然後由西西里島穿過墨西拿海峽進軍義大利本土半島。於是在法國登陸的計劃再一次延遲，同時為了能統一指揮，這次會議還決定成立盟軍最高司令部（COSSAC），英國陸軍中將弗雷德里克·E·摩根被蒙巴頓任命為盟軍最高司令部參謀長。雙方還費盡週折，說服戴高樂飛到北非與時任法軍總司令的吉羅談判，以達成政治上的和解。會議結束後，為了打消蘇聯人的懷疑，邱吉爾和羅斯福還舉行了記者招待會，重申了盟國戰鬥到底的決心，聲明迫使德國、義大利和日本「無條件投降」

●1943年1月，羅斯福和邱吉爾在卡薩布蘭卡舉行的會晤上討論關於蘇聯要求開闢第二戰場的問題。對於一條如此漫長的防線，不論其構築地多麼地堅固，歷史證明都是有機可乘的。

是盟國決不改變的目標。

　　1943年5月中旬，美英兩國在華盛頓又秘密舉行了「三叉戟」會議，會議最終同意在英國開始集結部隊和物資，以1944年5月1日為期做好登陸法國的準備。同年8月，在加拿大魁北克舉行的「四分儀」會議上進一步確定了時間，邱吉爾雖然仍然主張在義大利和巴爾幹半島登陸，但此時他的呼聲已經變得非常弱小了。1944年2月，盟國遠征軍最高統帥部開始運作，統帥部司令艾森豪走馬上任，諾曼地登陸的計劃開始緊鑼密鼓地籌畫起來，並最終於1944年6月6日登陸成功。

口開闢第二戰場的壓力，不得不實行的一個「死亡計劃」。

　　當然，選擇迪耶普並不是出於巧合。盟軍在分析比較了法國沿岸的港口後認為，從防禦力量和德軍駐防兵力等諸要素考慮，迪耶普可以說

聖納澤爾港所在的地理位置

【註釋9】

在塞爾維亞和克羅地亞東部的班塔特地區、匈牙利和羅馬尼亞西部的希本巴亨地區裏，居住著大量的泛德意志人，這些人和德國以及奧地利的德意志人同宗同族，由於沒有在當時的德國境內，因此被稱為Volksdeutsch。

是大西洋壁壘上的一個典型，選擇這個港口作為突襲目標可以檢驗德軍在大西洋壁壘上的進度和準備程度，而且盟軍對迪耶普的偵察早就開始，並且盟軍曾對迪耶普港以東的貝奧尼砲臺發起過突襲，從中也獲取了部分有價值的情報，迪耶普港內肯定還有價值更大的情報。

## 盟軍巧獲大西洋壁壘的設計藍圖

　　德軍在大西洋沿岸大興土木，英國對此肯定是頗為關注的，希特勒也知道英國人肯定能夠通過各種管道弄到些情報，但他做夢都想不到——英國人居然弄到了大西洋壁壘的整個設計藍圖。盟軍的特工人員不費一槍一彈就弄到了這份絕密情報，為後來的登陸作戰做出了巨大的貢獻，布萊德雷將軍對此次行動的評價是：「奪取德軍大西洋壁壘設計藍圖的壯舉簡直不可思議，這次行動為後續登陸作戰中減小人員傷亡做出了卓越的貢獻」。完成這次任務的傳奇情報人員就是後來的法國軍情二局局長雷內·杜歇。1942年5月，杜歇還是名住在法國卡昂的油漆工，同時也是法國抵抗組織的低級諜報人員，他在卡昂街頭看到了托特組織招收油漆工和裝潢工人用於裝修工地工程部辦公樓的用人通知，為了打探德軍的內部消息，他立即前去報名。由於他要求的報酬只有其他人的三分之一，所以立即被帶到工地施工總監的辦公室進行面試。在他面試的時候有個副官進來送了一大堆檔，杜歇看到其中有份檔的邊角上用德文寫著「最高機密」。此時剛好有幾個士官來找工程總監，工程總監還沒來得及翻那些檔就出去了，他讓杜歇留在辦公室等他回來。等杜歇確認所有人都走了之後，他立即走過去翻看那幾個檔袋，其中一個比較厚的袋子上用紅墨水寫著「特殊藍圖—最高機密」，他立即下意識地將這份文件藏到了屋內的鏡子後面，隨後回到了座位上。

　　由於德軍的這位元工程總監沒過幾天就被調離卡昂，他甚至還沒來得及細看那些檔，所以對檔丟失毫不知情。杜歇在被德軍雇用後又將這份藏在鏡子後面的機密檔偷了出來，交給了法國抵抗組織，這份檔最後裝在餅乾盒中由漁船運到了英國，順利地交到了盟軍情報機構手中，成為研究大西洋壁壘最詳細最可靠的資料。此後，杜歇因功勳卓著被任命為卡昂地區的盟軍情報人員頭目，戰後獲得了多枚英、美、法等國頒發的勳章，最終成為了法國軍情二局的局長。

　　杜歇的事蹟被塑造成法國愛國主義的典範而廣泛傳播，而且他巧奪德軍最高情報的經過成為後來世界各國情報人員必知的經典案例。

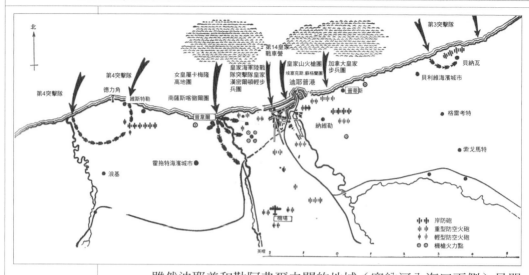

雖然迪耶普和勒阿弗爾之間的地域（塞納河入海口兩側）是盟軍最有可能登陸的地區之一，但和大西洋壁壘上的其他地區一樣，駐守此地的德軍第15集團軍81軍302師也是一支精銳盡去的非滿員部隊。迪耶普港口海岸線長度約為80公里，302師對於防守如此長度的海岸線頗感吃力，儘管7月以來該師得到了一定數量的人員補充，但和抽調去東線的原先的精銳連隊相比，這些新來的士兵幾乎還沒完成基礎訓練，可以說毫無戰鬥力。從作家羅蘭德·阿特金在《慶典災難》一書中可以發現，這些補充兵大部分是所謂的德意志裔人【註釋9】，有些甚至根本沒有德意志人的血統。當時盟軍從迪耶普帶回的少量德軍俘虜中有3個波蘭人，其中2人被德軍從波蘭抓獲後，德軍給他的選擇是：參軍或者集中營。這2名士兵剛剛參軍只有3個星期，連一些基本的武器操作幾乎都不太會。

由於負責防守的德軍部隊戰鬥力低下，德軍將領知道光憑這

●海上的皇家海軍艦艇正在釋放煙霧，掩護英軍部隊登陸。

些士兵肯定無法抵抗盟軍的登陸，所以只要晚上的潮汐或者氣象條件適合登陸作戰，他們就會派出更多的人注意海岸線。令人驚訝的是，師長康拉德·海斯中將于8月10日下發了一個動員書，要求全體官兵竭盡全力防守陣地，他在動員書中慷慨陳辭：「必須意識到，駐守迪耶普港是一件非常棘手的事情，炸彈、艦砲、突擊部隊、登陸艇、傘兵、突襲、暗殺等所有這些都將伴隨著你們。如果你們不想倒

● （上）被像是遊街一樣地押著走過迪耶普街道的加軍戰俘。（下）被擊毀在灘頭的邱吉爾步兵戰車。

●僥倖從火線撤下來的加軍傷患正被抬下船，靈夢對他們來說總算是結束了。

下，那麼唯一能做的就是讓你們的神經每一時刻都繃得緊緊的。

這裏沒有恐懼，當敵人的砲火冰雹般砸下來時，你們必須擦亮眼睛，豎起耳朵，握緊手中的武器而不是瑟瑟發抖，你們要以前所未有的勇敢投入戰鬥。

我們或者他們，這是我們唯一的口號。

光榮的德國士兵曾經在元首的領導下完成過任何不可能完成的任務，這次我們也會出色的完成任務，你們是最優秀的，你們是光榮的德國人，你們將會勇敢的盡職盡責，光榮永遠屬於你們。」

和其他駐守大西洋壁壘的部隊一樣，302師士兵手中的輕武器匱乏，配備的彈藥也少得可憐，但與此形成強烈對比的是，砲兵火力異常強大，在迪耶普地區有3個重砲陣地和4個輕型火砲陣地，阿特金對當時迪耶普的工事有如下的描述：「迪耶普海防前線有著複雜的碉堡和機槍陣地，不過這些陣地只是為了吸引登陸部隊的注意力，而迪耶普真正的火力點卻在一些制高點上，在西側防波堤上德軍甚至將1輛俘獲的法國戰車砲塔被用混凝土固定在了牆上，作為固定火力點使用。」

總之，在迪耶普港內共有1500名德軍士兵（主要部分是以赫曼·巴特爾特中校為首的571團），不過迪耶普週邊還有大量的後備部隊，如距迪耶普大概90公里處駐守有第10裝甲師。後來估計，迪耶普附近駐守的德軍大概有6000餘人。

盟軍投入了加拿大第2師的6個步兵團和第14戰車營，除此之外，還有少量屢建奇功的英軍突擊隊、自由法國突擊隊和美國遊騎兵部

●加拿大軍隊在迪耶普港進行閱
兵式,當然,這是在1944年9月3
日,而不是1942年。

●一艘登陸艇將受傷的士兵轉移到驅逐艦上。

隊參戰，英國皇家空軍的67個飛行中隊和皇家海軍的8艘驅逐艦將為登陸部隊提供火力掩護。

　　這是一場毫無突然性可言的登陸空襲戰，運輸登陸部隊的船隊在靠近法國海岸前就被德軍巡邏艇發現，迪耶普的德軍在接到巡邏艇的報告後迅速進入緊急戰備狀態，所有的槍砲都對準了英軍艦艇編隊。當加拿大人開始登陸的時候，他們遭到了風暴般的火力襲擊，負責為步兵提供直接火力支援的近30輛戰車甚至連灘頭都衝不出去，就悉數被打成了廢鐵。由於實在看不到任何成功的希望，面對海灘上堆積如山的屍體和德軍依舊猛烈的砲火，盟軍只能無奈地選擇撤退。

　　此次行動的傷亡慘重程度大大超出了英軍預先的估計，在6000多名加拿大、英國、美國和自由法國組成的登陸部隊中，4000名左右的軍官和士兵陣亡、受傷或失蹤，傷亡率接近70%。這支力量的主體即5000人的加拿大部隊承受了傷亡衝擊的主體：共損失3367人，其中907人陣亡。蒙巴頓雖然在後來的報告中輕描淡寫地宣稱三分之二的登陸部隊返回了英國（其實只有三分之一），但在羅蘭德·阿

特金的描述中卻遠非如此：「在迪耶普9個小時的行動中加拿大軍隊遭受的損失超出了他們前20個月在義大利作戰的傷亡總和，第2師實際上已經名存實亡，這次行動的傷亡僅次於1916年的索姆河戰役。」

英軍方面，突擊隊損失270人，海軍方面550人傷亡，武器彈藥幾乎全部都留在了迪耶普港的海灘上，30輛新式的邱吉爾戰車只有1輛由於機械故障沒能卸載而被帶回了英國，剩餘27輛被擊毀，2輛則沉沒在了海水中。另外還有33艘登陸艇沉沒。

相比之下，德軍方面的損失是相當小的，陸軍傷亡333人，海軍113人，空軍162人，有37名德軍被俘並被帶回英格蘭。「敵人被我們打得落花流水，這回邱吉爾的損失大了」，龍德斯泰特在他的報告中如是說。希特勒對此非常滿意，親口誇獎了他。此次行動的勝利讓沉浸在聖納澤爾港失守沉鬱氣氛中的德國官兵如釋重負，而對德軍高層來說，迪耶普保衛戰的勝利也仿佛驗證了大西洋壁壘的堅固性，希特勒更加堅定了加快大西洋壁壘建設的決心。

邱吉爾認為通過這次行動盟軍發現了諸多的問題，為將來的大規模登陸戰鬥積累了豐富的經驗教訓，不過對這次行動最好的評價卻是來自龍德斯泰特：「邱吉爾不會讓這樣的事再次發生。」他果然說對了！

● 盟軍在迪耶普登陸失敗後，希特勒非常高興，在獲悉當地的法國居民沒有給予盟軍任何幫助之後，處於興奮頭上的希特勒當即決定釋放所有的迪耶普籍法國戰俘，讓他們回家和親人團聚。圖為這些戰俘搭乘火車離開戰俘營時的照片，也許他們當時真的非常高興，但這是數以千計的家庭因為失去了親人而痛苦萬分為代價的。

## 第九章　隆美爾來了

　　現在該是德國陸軍最傳奇的人物上場的時候了——德國陸軍元帥埃爾溫‧隆美爾開始介入大西洋壁壘的建設。希特勒在迪耶普港保衛戰勝利後決定加快大西洋壁壘的建造速度，他要求托特組織到1943年春天完成1.5萬個永久型防禦工事，為了建設這個龐大的防禦體系，托特投入了幾乎所有能夠動用的人力和物力。而到1943年春，雖然德軍在加來地區完成了縱深達5000～6000公尺的堅固防禦工事，基本形成了比較完善的防禦體系，但在大西洋壁壘上僅有不足50%的工程按期完工，而且在諾曼第地區僅建成88個相對孤立的支撐點。同年10月，德軍西線總司令龍德斯泰特元帥對工程表示了極大的憂慮，並向希特勒一再說明西線德軍面臨的困境，希望得到有效的改善。1943年10月以後希特勒已經很明確地認識到，對於德國來說，更大的威脅來自西方。歐洲大陸的地形意味著一旦盟軍登陸，德軍將陷入無險可守的情況，所以必須花大力氣來鞏固西線的防禦。另外，面對盟軍空軍對德國本土日益頻繁的空襲已經讓很多人對戰爭的前景表示悲觀，為了提高國民對戰爭前景的信心和給盟軍產生心理上的威懾，希特勒決定動用隆美爾。雖然隆美爾在阿拉曼戰敗，但其出色的領導能力和卓越的指揮藝術使得他無論在德國民眾還是士兵甚至在盟軍將領看來，「沙漠之狐」的美譽還是經久不衰，餘

　　● （右）德國最權威的陸軍元帥格爾德‧馮‧龍德施泰特，作為西線總司令，他是隆美爾的頂頭上司，但他卻很樂意讓精力充沛而且富有想像力的沙漠之狐隆美爾去充分施展能力。（左）隆美爾受到希特勒的接見，希特勒委以大西洋防線監查員的重任，但隆美爾的執著和坦率卻使他最終成為權力鬥爭的犧牲品。

# 第51號元首指令

由於德軍的閃電戰在蘇聯廣袤的平原上失利，而德意聯軍在丟掉了北非之後更是在地中海戰場陷入了被動，尤其在義大利宣佈向盟軍投降之後，現在輪到德國人在歐洲單獨和盟軍較量了。面對西線危急的形勢，希特勒於1943年11月3日下發了51號指令，主要強調西線的形勢已經非常緊迫，要求加快防線建設的進度。指令的開頭是這樣的：

「在過去2年半的時間裏對布爾什維克的艱苦作戰捲入了我們大部分的兵力，雖然目前的局勢非常危險，但我們還是要全力以赴打贏這場戰爭。目前形勢已經有所改變，東線的威脅依然存在，但在西線出現了更加嚴重的威脅：英國佬將在西線登陸!在廣袤的蘇聯平原上，我們可以放棄一部分佔領的土地，甚至可以是大部分的佔領地，只要不對德國的實力構成威脅。但西線就不同了，如果敵人成功地登上海灘並且撕破我們的防線，那麼後果將是不堪設想的，所有的情報都顯示敵人可能在明年春天或者更早的時候發起進攻，這要求我們現在就開始加快行動了⋯⋯」

在文中，希特勒強調不再從西線抽調部隊前往東線作戰，反而要從其他地方抽調兵力來加強大西洋壁壘的防禦，特別是「英軍遠端火力重點打擊地區」，其實這是指V－1火箭的發射陣地，只不過希特勒在指令中並沒有明說。他當時預計丹麥沿岸可能是盟軍重點打擊地區，雖然也有情報顯示盟軍會在其他地區登陸，但隱真示假一向是情報戰中的常見手段。

面對隨時可能發生的進攻，希特勒有點著急了，他在指令中強調：「⋯⋯只有加快施工，傾我們全力調動一切可調動的人力和作戰物資，才能在剩餘不多的時間內在沿海建立起一道堅強的防線⋯⋯」

51號指令隨後對即將運往丹麥和其他要加強的重型防禦武器進行了詳細的描述，包括重型反戰車砲、埋入掩體的裝甲車輛（一般用於固定火力支援）、岸防砲、榴彈砲、各種地雷和其他物資。由於作戰物資緊缺，一些被認為是比較安全地區的防禦力量沒有得到大幅提升，希特勒還在他的指令中對反登陸部隊提出了厚望，用諸如「高品質戰鬥部隊」、「高機動性」等奢華辭彙來形容即將開赴這些重點防禦地區的部隊，他最後強調，部署在海岸線上的所有部隊必須不計代價地堅守自己的陣地。

希特勒在51號指令中對駐守在海岸線上的三軍部隊和黨衛隊各自

的任務進行了分配，並且要求各自的最高司令部立即上交未來3個月內加強對沿海防禦地區建設的詳細計劃，同時還必須制定緊急作戰計劃，他對西線和丹麥地區的戰車、自行火砲、裝甲車的火力分佈規定如下：

每個裝甲師和裝甲擲彈兵師都必須有足夠的機動能力，並且1943年12月以前這些師都必須裝備有93輛以上的IV號戰車和自行火砲，而且必須配備足夠的反戰車武器；

第20空軍野戰師在配置自行火砲後改為高機動性進攻部隊，改編也必須在1943年年底前完成；

SS第12「希特勒青年團」裝甲師、第21裝甲師和其他部署在日德蘭的步兵及後備部隊要加快裝備和兵力的補充，快速提高戰鬥力；

駐防在西線和丹麥境內的後備裝甲師將在不久後配備新型的自行火砲和重型反戰車砲，另外在丹麥境內的自行火砲訓練部隊也將配備這些重型武器；

在11月和12月份，西線和丹麥境內將以每月100門的速度佈置重型反戰車砲（75mmPak 40L/46和88mmPak 43L/71火砲），其中一半必須為自行火砲；

在西線和丹麥境內要增加其他小口徑武器的配備數量（包括大約1000挺機槍），如果生產跟不上的話可以考慮從一些不是很重要的地方調運；

鐵拳、戰車殺手等近程反戰車武器要大量供應給西線地區；

丹麥沿海的火砲數量要進一步增加；

任何部署在西線和丹麥的部隊，包括新設立的自行火砲和反戰車部隊，沒有元首的批准不得調離或者擅自後撤。

陸軍總參謀長和裝甲兵總監都必須通過最高統帥部向希特勒報告關於各裝甲營、突擊砲營、反戰車營和連的裝備完成情況，而作為西線總司令的龍德斯泰特則通過圖上作業和司令部演習，確定以空前的規模從未受到進攻的地段調動具備進攻能力的部隊所需的時間。希特勒要求能夠確保在開戰時可以從盟軍登陸地的兩翼迅速抽調兵力來增援，所以龍德斯泰特也不敢怠慢，除了日常的訓練外還要模擬盟軍進攻時德軍如何機動以及戰術配合等演習。同時希特勒要求丹麥境內的德軍司令部立即組建幾支團級部隊，從本土戰區的教導隊、訓練班、學校、訓練與康復部隊抽人組建的團級規模戰鬥群、警衛營和工程兵營要隨時做好準備，發出命令後必須在48小時內抵達集結地點。

51號指令對德國海空軍的部署都作了比較詳細的規定：

「空軍方面，在加強西線和丹麥空軍部隊的攻擊和防禦力量時，應考慮到最近的整個局勢。應準備從本土防空部隊、軍隊院校和本土戰區訓練部隊中，抽調一切可以抽調的適於進行防禦戰鬥的航空兵部隊和機動高射砲兵部隊，將它們派往西線，必要時也應派往丹麥。

應準備在挪威南部、丹麥、德國西北部和西線擴建空軍地面設施，做好物資儲備工作，以便在大規模戰鬥開始時，能通過實施最大限度的疏散，使我方部隊免遭敵機的轟炸，並分散敵人的攻擊力量。這特別有利於我方的戰鬥機部隊，它們的作戰能力必然會因擁有大量野戰機場而獲得提高。特別應注意要進行最為嚴密的偽裝，空軍有關廠商要加緊研製偽裝網等用於迷惑盟軍偵察機的設施。」

海軍方面，希特勒要求德國海軍能夠傾全力將盟軍的登陸部隊攔在海上，希特勒為此要求德國海軍能夠儘快拿出具體的方案，同時為了加強防禦能力，在51號指令中他重複寫道：

「……海軍應準備派出盡可能強大的、適於攻擊敵登陸艦隊的海上兵力，並以最快的速度完成業已動工的海岸防禦工事的構築任務。應考慮增建海岸砲兵連，並且研究一下增設側翼障礙的可能性問題。應使院校、訓練班和其他陸上指揮機構中適於進行地面戰鬥的全體軍人做好戰鬥準備，以便能在極短時間內，他們至少能作為警戒部隊在敵人登陸的作戰地區使用。海軍在準備加強西線防禦的同時，特別應注意防止敵人在挪威或丹麥地區登陸。我認為在這方面，為北方海區準備好大量潛艇具有特別重要的意義。當然暫時不得不削弱大西洋潛艇部隊的實力……」

在51號指令中，他還提到：「黨衛隊司令應考慮使武裝黨衛軍和員警部隊擔負戰鬥、警戒和警衛任務的問題。應準備從本土戰區的訓練部隊、後備部隊和康復部隊以及學校和其他單位中抽人組建具有作戰能力的部隊，擔負戰鬥和警戒任務。國防軍各軍種總司令、黨衛隊司令、陸軍總參謀長、西線總司令、陸軍裝備主任兼後備陸軍司令、裝甲兵總監以及駐丹麥德軍部隊司令應在11月15日以前向希特勒報告已採取的和打算採取的措施。」

在接下去的數週裏，接到命令的各高級軍官紛紛開始行動，但三軍中高級將領之間的不和直接導致了後續的很多計劃都沒有實施，對盟軍來說這些都是幸運的。

威絲毫不減。所以希特勒任命他為大西洋壁壘的監察員也算是上上之選。

在隆美爾上任之前，希特勒給予他一份基於51號元首指令的指示，關於這份指示的詳細內容早已無從考證，不過從德軍最高統帥部後來發給龍德斯泰特的指示中可以部分推斷出當時希特勒給隆美爾的指示，其內容可以概括為三部分：

隆美爾必須熟悉的地區是多佛爾海峽地區，這個地區對帝國的安全將至關重要；

在發現大西洋壁壘上的漏洞後，隆美爾可以動用包括托特組織在內的各種機構迅速對防線進行調整；

隆美爾可以充分施展他在和盟軍對抗中取得的豐富經驗，當然當前最主要目標是英國。

為了顯示對隆美爾的重視，希特勒允許隆美爾直接向他彙報。

●1944年1月，隆美爾在（左一）諾曼第地區視察大西洋壁壘的建設情況，正是因為他的到來，使得各地的工程建設速度大大加快，同時他還設計出了眾多的防禦設施，給日後盟軍的登陸製造了很大的麻煩。由於時間有限，在盟軍登陸時他的防禦計劃還遠遠沒有完成，這是值得慶倖的，否則將會有更多的盟軍將士付出生命的代價。

在得到希特勒的欽點後，1943年11月21日，隆美爾從義大利啟程，他以海岸防禦監察官的身份踏上了他人生道路的最後階段，他將用行動來告訴所有人包括希特勒：他天生是打仗的料，他能解決別人不能解決的問題，他將以自己的熱情和執著來感染每一個人。

隆美爾早在義大利的時候就開始為自己新的參謀部招兵買馬，他當時最得力的助手——參謀長阿爾弗雷德·高斯少將首先向他推薦的就是隆美爾的老鄉，同樣來自斯瓦比亞的弗雷德里希·奧斯卡·魯格上校。作為整個參謀部的海軍聯絡官，魯格上校1914年就進入德國海軍服役，1920年開始因為擅長水雷作戰而廣受讚譽，同時他也因出色的軍事寫作能力而備受關注。11月30日，魯格上校抵達隆美爾的辦公室，這位樂觀但從不多話的老水手在見到隆美爾時心情異常激動，他在後來的回憶中寫道：「他並沒有我想像中的那麼高大，表情非常嚴肅，不過看上去非常有精神，天有點冷，我圍著圍巾去見他

●（上）覆蓋著黑色偽裝網的工事群，德軍士兵在期間散步甚至躺在地上曬太陽，在隆美爾到來之前，駐防大西洋壁壘的德軍部隊還是挺悠閒的。（下）偽裝成咖啡館的德軍碉堡，也許德國人的偽裝技巧還算不錯，但一條防線能否真正起作用，在於整個系統是否完善，而不是某些小花招。

●隆美爾和龍德斯泰特的合作總的來說還是不錯的,兩個人之所以能和平相處可能有互相尊重的意義在裏面。

的,不過顯然他對我的這身打扮並不吃驚,他只注重人的能力,對你的打扮並不感興趣。」

後來這兩人成了無所不談的摯友,在隆美爾的影響下,魯克上校在水雷戰方面有了更深的造詣,戰後他的名聲猶在,1956年聯邦德國海軍將其重召入伍,並一直服役到1961年。

在魯格抵達後,隆美爾迅速攜其前往位於柏林的德國海軍參謀部,並在柏林開始搜集作戰指揮所需的各種資料,如大西洋沿岸各地的潮汐時間表、各種地圖、艦艇資料等等,總之一切和大西洋壁壘有關的資料都是他們此次前來柏林的目標。然而,隆美爾從柏林辛辛苦苦搜集來的各種資料在盟軍轟炸日德蘭的行動中被焚毀,所幸的是魯格對大西洋沿岸相當熟悉,所以在其返回日德蘭後成了隆美爾的活字典。

為了顯示對隆美爾的重視,希特勒專門為他的監察安排了一趟裝修考究的專列,12月1日,隆美爾的專列離開慕尼克火車站,開始了監察之旅。他首先要拜訪的是德軍駐丹麥部隊司令赫曼馮漢娜根上將(1942年9月22日至1945年1月27日,漢娜根上將為丹麥地區總司令),12月3日晚,隆美爾抵達哥本哈根和漢娜根上將會晤。第二天早上他視察了白德蘭半島西部的埃斯比約,他在丹麥只逗留了10天,但就是在如此短的時間內,隆美爾發現希特勒吹噓的堅不可摧的大西洋壁壘其實漏洞百出,如果真想要以此來對抗盟軍的大規模登陸,未來德軍在大西洋壁壘上的投入將是目前已經投入的數倍。在察看了丹麥地區的防禦情況後,隆美爾對這個龐大的防禦體系的

信心幾乎完全消失了。整個防禦體系沒有一個全局性的戰略規劃，海岸防禦部隊兵力和裝備嚴重不足，空軍和海軍弱小的實力根本無法在即將開始的反登陸作戰中對盟軍產生太多的影響。一個兵員、訓練、裝備皆不足的常規步兵師要負責防禦一段長達上百公里的海岸線，而且部分還是十分適合登陸的高危險地區，防線的薄弱讓隆美爾的心情十分沉重。

　　在考察中隆美爾提出了他的建議：和擁有絕對制空權和重型武器數量優勢的盟軍開戰，最好的地點只能是海灘。他在和他的總工程師威廉‧梅斯交流時提到：「我們必須試著盡我們的可能，將敵人消滅在海灘上，並且儘量利用我們堅固或者看起來堅固的工事。一旦敵軍登陸，在他們的制空權和火力優勢前，我們別指望我們的補給線能夠為前線運送任何的飛機、戰車、汽油和彈藥，這將嚴重的影響防禦部隊的作戰能力，所以我們的唯一機會只有在敵人最弱的時候——海灘。」

　　此時他的參謀部人員都已經召集完畢，並且陸續進駐設在楓丹白露的參謀部，與此同時，在結束了對丹麥的考察後，隆美爾飛往德國南部參加高級將領會議，于12月18日返回楓丹白露，並在當天前往巴黎拜訪了西線總司令龍德斯泰特。隆美爾在隨後給他妻子的

●技術人員正在為比利時西部奧斯坦德的一處德軍防禦工事安裝火砲，在隆美爾到來之前，德軍建設大西洋壁壘的速度無疑是非常緩慢的。

回信中寫道：「龍德斯泰特是一個非常有魅力的人，我想一切都會很好的。」兩人的和平相處可能有互相尊重的意義在裏面，龍德斯泰特可以說是當時德國陸軍的泰斗，已經68歲高齡，而隆美爾當時只有52歲，是德國最年老，龍德斯泰特是很器重隆美爾的，對這位才華橫溢的後輩，他很喜歡把事情交給隆美爾去幹，因此雙方的這次會面顯得非常和諧。

在他的參謀部都安置完畢並投入正常運作後，隆美爾帶領手下繼續他們的監督之行，耶誕節前數日，他們來到了大西洋壁壘的核心地區——多佛爾海峽地區。他再一次被所見到的景像震驚了——和丹麥的情況類似，這裏一樣缺乏有效的防禦手段，部隊一樣的缺編，指揮體系一樣的混亂。危機感迫使隆美爾對其生命中的最後一個耶誕節失去了興趣，他繼續在防線上視察，在他寫給妻子的信中寫道：「我準備全身心地的投入到這份新的事業中，我將竭盡所能扭轉這個不利的局面。」除了防線上的工地和各種加強型工事外，他還視察了大西洋沿岸的德國海軍和空軍部隊，甚至連最機密的V－1火箭發射陣地都沒能倖免，他的工作方式讓那些沒有在他手下幹過的參謀人員無法適應，但不久後他們對隆美爾的欽佩之情也油然而生。

# 第十章　隆美爾的報告

　　經過2個多月的撰寫，隆美爾終於在1944年2月完成了他的關於大西洋壁壘的報告，這份詳細的報告內容涉及各個方面，甚至包括了對防線沿岸的一些指揮官的評論，本文節選了部分內容。

　　在該份報告開始前，隆美爾對防線的建設先做了一翻誇獎：「毋庸置疑，在當前的緊急形勢下，我們的防禦部署都取得了非常不錯的進展，我對部隊指揮官的能力非常滿意。」但是，他緊接著談到：「總有部分部隊對當前的形勢並不是認識得很清楚，他們對提高其防禦能力的指令執行得並不是很好。」他在報告中例舉了部分部隊違抗命令的例子，如他要求部隊必須時刻將地雷處於啟動狀態，但有些部隊卻完全不理會他的命令。他對於部隊不聽他命令的舉措十分惱火，為此他在報告中寫道：「我並不是每天都會下發一些不必要的指令，我只會在必要的時候才下命令，我希望我的這些不太多的命令能夠快速而準確地按照字面的意義被執行，我不希望有拖延、任何的改變甚至抵抗。」

　　在厚厚一疊的報告中，隆美爾詳細闡述了關於防線的各個方面的改進意見。

## 海灘

　　海灘是對付盟軍登陸的最好場所，隆美爾為此推薦的還是地雷。其中包括名為胡桃夾子I～III型的地雷，另外還有根據實戰經驗開發的在圓盤地雷雷殼外覆蓋水泥的水下爆炸裝置，這樣一方面是可以防止地雷的殼體被海水腐蝕，延長使用壽命，另外一方面也可以降低地雷的敏感性，防止雷體被附近爆炸的砲彈過早地引爆。同時考慮到地雷的數量遠遠不夠，佈雷密度可以從每公尺10個地雷降低到每公尺1個的水

●隆美爾和他身後的反空降木椿，即著名的「隆美爾竹筍」。這成了現代反空降障礙物的基本構造。

## 隆美爾的地雷陣和小玩藝（1）

●（1）T.Mi.35型地雷。（2）T.Mi.42型地雷。（3）S.Mi.44型人員雷。（4）S.150型人員雷。

　　德國人在大西洋壁壘上使用了數量眾多的抗登陸和反戰車障礙物，其中有部分來自德軍常用的障礙物如反戰車壕、各種「龍牙」和鐵絲網，而更多的是想像力豐富的隆美爾後來親自設計的各種「小玩藝」。

　　根據隆美爾在非洲戰場的經驗，在空曠地帶大量埋設地雷結合少數堅固防禦工事可以有效阻止敵人的進攻，於是在大西洋沿岸埋設地雷、佈設防禦性的雷場成為隆美爾常最關心也是最喜歡幹的事情。

　　在大西洋壁壘上德軍佈置了數以萬計的地雷，尤其是在港口、道路、機場等重點地區，而且在佈雷時都採用複合佈雷方式，即在反戰車雷場中佈設反步兵地雷，同樣在反步兵雷場中混合反戰車地雷，這給盟軍的排雷、掃雷帶來了較大的困難，不過在平時為了便於巡邏，通常會在雷場中拉起安全線，德軍為了防止盟軍的情報人員拍攝雷場的安全線，不定期的對雷場安全線進行變更。另外德軍還準備有相當數量的飛機布撒地雷，以備在緊急情況下快速佈雷。由於地雷在大西洋壁壘的建設尤其是隆美爾介入後顯得格外重要，所以這裏有必要對德軍的各種地雷進行詳細的介紹。在德軍使用的地雷中，圓盤反戰車地雷和S型反步兵地雷是較為有名的兩種德製地雷。

　　圓盤地雷是德軍使用最為廣泛的反戰車地雷，其型號繁多。其中最早使用的是T.Mi.35，分為1a和1b兩種，兩者直徑都為32公分，通常漆成軍綠色，平底、弧形雷殼，重量為8.7公斤左右，裝藥量4.5公斤，採用壓力引爆。不過前者採用壓入式TNT，後者則採用柱狀TNT，該型地雷的一個特點是整個雷體上表面都能感知壓力，不過這種地雷在盟軍大範圍的火力打擊下損失較多。後來又開發了同樣屬於圓盤系列的T.Mi.42，和T.Mi.35相比，前者在外形上並沒有作多少改變，只是減小了壓力感應面積，不過卻變得不是很容易引爆，該型地雷採用鋼質雷體，裝藥量為5公斤左右的高能TNT。圓盤系列的第三種型號為T.Mi.35 3型，其裝藥量變為阿馬托炸藥（TNT/硝酸銨＝66/34的比例混合），裝藥量為6.3公斤，該型地雷可以說是前兩種地雷的折中，大小適當的壓力感應面使其在實戰中的發揮要比前兩種地雷要好。為了方便大量製造，德國兵工廠還專門開發了T.Mi.Pilz.35型地雷，同樣屬於圓盤系列，不過零部件數量大量減少，而且對引信的敏感程度進行了調整，不會被盟軍的猛烈砲火引爆。該型地雷的彈體直徑為28.67公分，重8.16公斤，內裝阿馬托炸藥量為4.5公斤，由於該型地雷的頂端有一個類似蘑菇的壓力感應區，所以稱為蘑

菇型圓盤地雷。在大西洋壁壘上使用最多的反戰車地雷是T.Mi.29，也屬於圓盤系列，這是一種輕型反戰車地雷，重量只有6公斤，直徑25公分，不過裝藥量也達到了4.5公斤。

反步兵地雷方面，主要有比哈夫斯－斯圖茲地雷，型號為S.150，盟軍將其稱為罐型地雷（其圓柱形雷殼很像士兵常吃的罐頭而得名），鋼質雷體，雷體直徑只有5公分，高度也是5公分，裝有大約500克的苦味酸。另外，德軍還有S.Mi.44和S.Mi.Z.44型人員殺傷地雷，圓柱形雷體，直徑10公分，重只有4公斤，地雷引爆後4.5秒才爆炸，採用跳至空中爆炸的方式增強殺傷力。

為了對付盟軍的金屬探測器，德軍還專門開發了多種非金屬材料的地雷，如托夫地雷，這種直徑為32公分，重為9公斤的地雷殼體採用玻璃製造，外面刷上瀝青。

●德軍工兵正在埋設地雷，標牌上的骷髏頭標誌已經很清楚的說明此地的危險性。

英國著名歷史學家麥克·科洛爾在《地雷歷史》一書中對德軍在海峽群島中的雷場進行了詳細的描述，其中根西島是一個最好的例子，戰後英國對這個只有90平方公里的小島掃雷時共發現了115個雷場，總計掃除了72866枚各型地雷在文中，科洛爾在文中描述到：「……島上到處都是地雷，除了部分是德軍自己的外，還有很多是法國的300磅砲彈，在水下的很多障礙物之間還佈設有地雷，在該島的幾處懸崖附近佈設了大約518枚島上駐軍自行製作的S型地雷和圓形炸彈。」

文中提到的圓形炸彈是指用航空炸彈改裝的特殊炸彈，進行偽裝後放置在懸崖頂端，盟軍突擊隊從懸崖攀爬勢必會碰到這些經過偽裝的炸彈，可以有效殺傷突擊部隊。

「我需要反步兵地雷、反戰車地雷、反空降地雷」，他直截了當地跟總工程師威廉·梅斯說，「我需要能夠炸沉驅逐艦和登陸艇的大威力地雷，我需要佈置一些能夠讓我們的步兵通過但敵軍的戰車不能通過的雷場，我需要敵軍一碰到絆索就能引爆的地雷，我需要敵軍一剪斷鐵絲網就能引爆的地雷，我需要光線變化後就能引爆的地雷，我需要遙控地雷，我還需要非磁性地雷以躲避敵軍的地雷探測器，讓他們無法排雷。」隆美爾一邊解釋一邊畫出了防禦的草圖，按照他在北非阿拉曼的佈雷方式，隆美爾計劃在大西洋沿岸採用各種地雷和防禦工事結合的方式。雷場寬度10公里，長度是阿拉曼防線的50倍，這讓總工程師梅斯讚歎不已：「他幾乎是二戰最初色的工程師，我沒有任何東西可以教他，反而我從他那學了很多東西。」

●德軍工兵在卡昂東南方的運河橋頭上埋設地雷。

隆美爾最後決定讓漢斯·馮·薩爾穆特上將領導的第15集團軍專門來負責佈雷的任務，剛開始薩爾穆特無法接受，畢竟這種苦差事只有工兵部隊才最適合，不過隆美爾幾乎是大聲斥罵才最終說服了薩爾穆特。首批埋設60萬枚，為了快速埋設地雷，隆美爾帶領薩爾穆特像旋風般橫掃整個法國鄉村和海灘，他不知疲勞地奔波在海岸線上，一個砲臺接一個砲臺，所到之處除了分列式外，他還一個個拷問，從將軍到下士，在傾聽了防線沿岸的官兵意見後，隆美爾決定按照以下方案部設地雷帶：按照每公尺10個地雷的密度埋設2條800公尺寬的地雷帶，一條安排在海岸線，一條在防線後10公里的區域。同時在這2條地雷帶中間再埋設1800萬枚地雷，為了防止工兵排雷，在雷場中間建造交叉火力點，可以是加強型工事或者由戰車改裝的固定火力點。除了真雷場外，還可以安排相當數量的假雷場，做到真真假假，虛實難辨，延緩盟軍登陸的速度。實現這個宏大的計劃總共需要3800萬枚地雷，為此隆美爾決定在大西洋沿岸建造專門的地雷工廠，同時回收利用繳獲的盟軍彈藥。但是由於時間緊迫，地雷還是短缺，到盟軍開始諾曼第登陸時德軍只埋設了410萬枚地雷。

　　為了迷惑盟軍，隆美爾還專門啟動了一個欺騙計劃——和盟軍在大西洋對岸所做的類似，他要求那些專門負責欺騙計劃的部隊大量散播假的德軍任命資訊、各種假的命令以及虛假的德軍調動信息。同時隆美爾決定在海中佈設4條反登陸障礙，其中一條位於水下2公尺，一條要低，第三條為潮位一半水線位置，另外一條則為高潮位水線位置。但是由於時間緊迫和物資缺乏，到登陸開始時只有最靠近海岸的2條完成。

　　為了對付空降部隊，他專門設計了反空降兵木樁（後來被稱為「隆美爾竹筍」），總之，每到一處，他都會憑藉他豐富的想像力而又有新的點子冒出來。在障礙物的佈置上，一般在開闊地區都會有，而且後面都有碉堡和砲臺等作為火力封鎖點，原先的障礙物一般都是鋼制或者混凝土澆築，而隆美爾則設計出了木製的障礙物，這種就地取材的方式大大加快了障礙物的建造和佈置速度。不過大西洋沿岸薄弱的防禦讓隆美爾著實擔心不已，希特勒只關心防禦工事的建設，而對作戰部隊卻從不過問，隆美爾為了改善防禦部隊的機動性和武器配置來回奔波，但收效甚微，身心俱疲的隆美爾的健康狀況也開始日益惡化。

準。

　　為了保證水泥的品質，每個地區的水泥廠都應該派出駐托特組織的工程師，後者在水泥和混凝土製品上有著豐富的經驗。

　　海灘上的沙子是混凝土工事最大的敵人，隆美爾為此開發了名為「捷克刺蝟」的混凝土基台，可以升高工事的位置。同時考慮到混凝土澆築量要求巨大，供應跟不上，隆美爾設計了將灌木砍倒快速製造障礙的方法。

　　鋼質的多列角錐形椿砣要比混凝土制的多列角錐形椿砣好用很多，尤其是在一些地形比較特殊的地方，如懸崖、淺水地區等。可以採用帶滑輪的小型船隻甚至馬匹來佈置這些障礙物，另外可以在工事上捆綁殼體包裹有厚厚水泥的大型地雷，一旦敵軍的船隻撞上這些障礙物，必將嚴重受損。而在海底可以佈設相當數量的大型原木，將一端砍成鑿型，埋設在一定深度，可

● （上）退潮後露出海灘的雷群，前面遠處是大量斜插在水中的反登陸障礙物。由於針對登陸作戰用的小型音響水雷和磁性水雷尚未研製成功，這裏設置的還是普通的觸發雷。（下）隆美爾在視察了第7集團軍後返回拉羅什蓋恩城堡（後文將會敘述關於此地的事情）的司令部，這次視察發現了諸多問題，隆美爾自己對他的「金湯」到底有幾分自信呢？這實在令人懷疑……

●（上）堆放在沙灘上的「胡桃夾子」的底座，這些東西還屬於半成品，只有等其頂部安裝上爆破裝置後才能真正發揮作用。（下）德軍在海灘上設置的障礙物有很多類型，這是最為簡單的抗登陸木樁，有些木樁周圍系「圓盤」地雷，很顯然這樣的佈置遠遠不到隆美爾的要求。

以劃開大型登陸艇的艙底。

　　還有一種叫作「比利時門」的障礙物，和捷克刺蝟類似，能有效阻礙登陸艇和戰車搶灘，隆美爾還要求部隊在這種障礙物上捆綁地雷，經常變換位置障礙物的位置，讓盟軍的偵察情報失效。

　　在隆美爾的積極努力下，B集團軍群防禦地段內共設置了51.7萬個水中障礙物，其中3.1萬個捆綁有地雷或者舊砲彈。

### 如何對付空降部隊

　　在對付空降兵方面，隆美爾此處引用了第348師的工事配置方式，這個師為了能夠在短期內迅速構建起反空降的障礙物，採用支付現金的方式雇傭了大量的平民。這個師採用的主要障礙物就是「隆美爾竹筍」、削尖的原木以及在空曠地帶設置的鐵絲網，深諳用兵之道的隆美爾知道，如果盟軍的兩栖部隊無法在短期內突破德軍的海岸線，他們肯定會採取空降來打開缺口，所以他要求在海岸線和陸地之間的空曠地面上，讓「隆美爾之筍」如雨後春筍般的冒出來，讓盟軍的傘兵有來無回。

### 雷場

　　隆美爾在撰寫報告時指出，當前在海岸線後方佈設300～10000

公尺寬度的雷場還未能很好的實施，並且提出在海岸線附近有一些農場和草場不得佈設地雷，規劃中的雷場地段沒有經過集團軍群司令部的批准，不得隨意佔據。對假雷場要格外注意，為了增強假雷場佈設的隨意性並加強保密，限制德國民間工程師涉及假雷場的佈設。隆美爾的假雷場佈設水準之高讓盟軍頗為吃驚，就算盟軍工兵專家在沒有親臨一線的情況下根本無法分辨隆美爾的真假雷場。

### 工事的偽裝

　　隆美爾在視察中發現德軍一些重點工事的偽裝極差，在綠草地中的工事居然仍採用過時的黑色偽裝網，盟軍轟炸機在高空很容易就能識別出來。所有這些都必須進行改進，否則這些工事在開戰初期就會被盟軍轟炸機炸毀。一些重點工事附近可以建造假工事來迷惑盟軍轟炸機。

### 煙幕的使用

　　為了保護工事，隆美爾強烈建議在工事附近配備發煙裝置，如果沒有專門的發煙裝置，可以臨時採用燃燒樹葉、濕草等方法來施放煙幕。

●隆美爾正在法國沿岸視察，海灘上堆滿了原木製成的抗登陸障礙物。

### 關於拆毀民房

　　隆美爾強調不應過早的將海岸線附近的民房全部拆毀，這些民房將來是極佳的狙擊場所，同時可以牽制部分盟軍的火力，只有在必要的時候如阻礙盟軍部隊前進所需，才應該拆毀大量的民房。同時針對部分軍官指出的在民房內佈設地雷的提議，他在此給予反駁，他認為這些民房將來肯定是盟軍火力的重點打擊對象，一旦砲彈落下，所有埋設在房子內的地雷將全部沒用，所以應該將有限的地雷全部埋設在海灘等開闊地上。

### 強化訓練

　　在敵人登陸前，負責防禦的部隊指揮官應該抓緊時間訓練他手下的每一個兵，甚至是平民。他在此例舉了一次去1個連的陣地視察，發現這個有180名官兵的連隊只有13名士兵在海岸上值班，剩下的都在後方營區休息，如果盟軍在此登陸，毫無疑問，大家心裏都清楚將會發生什麼。

### 結論

　　在報告的最後，隆美爾再次強調在海灘決戰的重要性，他在文中寫道：「結合目前我們的海上力量和我們的防禦力量，可以說大西洋壁壘是有史以來最強的防線。但必須重申的一點是，敵人必須被消滅在海灘上，必須在他們踏進主戰場前消滅乾淨。隨著時間的推移，防線將愈發的堅固，士兵手中的武器也將日益先進。考慮到我們的防線品質，我方士兵的勇氣、能力以及和敵人決一死戰的決心，我們有理由相信，在敵人襲擊我們的大西洋壁壘時，我們將會把他們擊得粉碎，我們將會向英國佬和美國佬討回我們的血債。」

## 第十一章　隆美爾的困惑和爭論

　　1944年1月15日，希特勒下令隆美爾擔任B集團軍群司令，全面負責盧瓦爾河以北至多佛爾海峽地區的防禦，這裏是希特勒認為盟軍最可能登陸的地點，在1944年3月20日的會議上，希特勒向三軍主要將領闡述了自己的猜想：「很顯然，英美兩國肯定想在西部某處登陸，最適宜敵人登陸、同樣對我們威脅最大的地區是西部的兩個半島即瑟堡和布列斯特，這兩個地區能夠提供絕佳的登陸環境，對英美來說是非常有吸引力的。」

　　他接著猜測了盟軍的未來動向，認為盟軍勢必將攻取一個港口，然後通過這個港口進行作戰物資的補給。為了應對盟軍的行動，希特勒對西線的指揮構架進行了調整，具體如下圖所示：

　　　從表中可以看出，這樣的指揮構架存在很大的缺陷，首先作為西線總司令的龍德斯泰特無法調動西線的海軍和空軍部隊，各自為戰的結果肯定是混亂不堪。同樣隆美爾所指揮的B集團軍群無法調用施韋彭堡上將指揮的西線裝甲集群，更為嚴重的是，負責防禦荷蘭和德國邊境的88軍雖然在作戰時劃歸隆美爾的B集團軍群使用，但其實平時還是歸德國駐荷蘭部隊司令部管轄，隆美爾對此無可奈何。

　　希特勒出於保持其對軍隊絕對領導之目的而進行的人事安排嚴重束縛了德軍西線總司令和B集團軍群司令對軍隊指揮和調動，這個安排同樣嚴重削弱了本來就很複雜的德軍指揮系統的靈活性和有效性。

●隆美爾可以在希特勒的支援下將局部防線修得如同照片中這樣固若金湯，但他對打破德軍各軍兵種之間的壁壘卻無能為力，更何況在希特勒的有意安排下，僅僅是德國陸軍在西線的指揮體系就很是複雜，這讓他無可奈何。

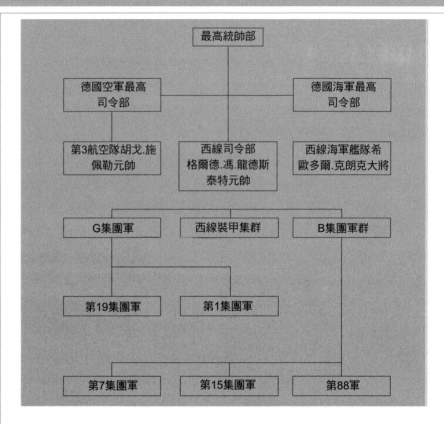

隨著一些大型築壘地域的完成，這裏的指揮權又成了一個讓各部隊甚至各軍種爭奪的物件。為此，希特勒不得不於1944年3月8日下發第11號元首指令來明確這一問題。

　　隆美爾在楓丹白露的司令部雖然裝潢豪華，但卻沒有讓他感到一絲快樂，他藉口離後方太遠，要求最高統帥部為其調換辦公地點，他遞交的理想辦公地點是位於蘇瓦松的原先「海獅」行動的指揮部，結果被希特勒駁回。於是他又遞交了第二個地址——位於巴黎以西80公里的拉羅什蓋恩城堡，這是一座始建於12世紀、並在17世紀得到擴建的漂亮建築，距離海岸線只有不到130公里。這次最高統帥部批准了他的要求，並且派工兵在城堡後方的懸崖上開闢了大量的洞窟，即可以用作防空洞，又可以作為他的參謀人員的居住地，而城堡內只有隆美爾和他的高級將領才能居住。隆美爾挑了一間緊鄰城堡內的玫瑰園的大房間作為臥室，3月9日，隆美爾和他的100餘名參謀人員搬進了這處新的司令部。

# 第11號元首指令

I. 將築壘地域與居民地支撐點區別開來

築壘地域由築壘地域指揮官負責，居民地支撐點由戰鬥指揮官負責；

築壘地域應完成過去築壘擔負的任務。它們必須阻止敵人奪取這些在作戰上可起決定性作用的地域。它們應當吸引敵人來包圍，以此來牽制盡可能多的敵軍，從而為勝利地實施反攻創造條件；

居民地支撐點在敵人實施突貫時應成為在戰鬥地域縱深頑強扼守的據點；在劃入防禦地域前沿之後，應成為防禦的支撐點，在敵人實施突破時，應成為防線的樞紐和支柱，成為實施反擊的出發地點。II. 築壘地域指揮官應是一位經過精選的、性格頑強的軍人，並且應該盡可能是將官，築壘地域指揮官由有關的集團軍群任命，由集團軍群總司令親自交待任務

築壘地域指揮官應以軍人的榮譽保證為完成任務而戰鬥到最後一息；

只有集團軍群總司令本人才能在得到我的批准之後免除築壘地域指揮官的任務和規定築壘地域可能要擔負的任務。築壘地域指揮官隸屬于集團軍群總司令，說得準確一些，是隸屬於築壘地域所在地區的那個集團軍群的總司令，絕不能歸軍長指揮；

不僅守備值班部隊和守備總隊，而且所有其他已經在築壘地域的或正在向築壘地域集結的人員，不管他們是軍人還是平民，也不管他們的級別和職位如何，都歸築壘地域指揮官指揮；

築壘地域指揮官擁有相當於軍長級別的軍事指揮權和懲戒權。為了有助於他完成任務，應給他派流動軍事法庭和戰地法庭；

築壘地域指揮官的參謀部由有關集團軍種的司令部負責組建。參謀長一職由陸軍總司令部根據集團軍群的建議任命。

III. 築壘地區的守備部隊分為守備值班部隊和守備總隊

守備值班部隊必須一直守在築壘地域，該部隊的兵力由集團軍群總司令確定。兵力的多少取決於築壘地域的大小和該部隊擔負的任務(做好防禦準備，構築防禦工事，堅守築壘地域，抗擊敵人的突然襲擊

或局部進攻）；

　　必須及時地將守備總隊調給築壘地域指揮官，以便他們能在敵人按計劃即將發動進攻之前，有秩序地佔領防禦陣地並做好防禦準備。守備總隊的兵力由集團軍群總司令根據築壘地域的大小和守備總隊擔負的任務(主要是防守築壘地域）來確定。

　　IV. 戰鬥指揮官是合成部隊指揮官的下級。他由合成部隊指揮官派出，隸屬于合成部隊指揮官並從他那裏受領戰鬥任務。戰鬥指揮官的級別，視該居民地在戰鬥地域中的地位和守備兵力而定。他的任務需要精力充沛和能克服危機的軍官來承擔。

　　V. 居民地支撐點的守備兵力，由戰鬥指揮官的上級根據該居民地的重要性和可供使用的兵力來確定。

　　VI. 築壘地域指揮官和戰鬥指揮官的任務以及築壘地域一覽表和各集團軍群呈送的報告，詳見附件。

　　VII. 所有在此之前下達的關於戰鬥指揮官的命令，從現在起作廢。

　　　　　　　　簽名：　阿道夫·希特勒

●大西洋沿岸的一處典型的工事，海灘上先是木製的障礙物，鐵絲網，然後是雷場，繼而則是反戰車牆，從在內側巡邏的士兵的身高可以大致判斷出反戰車牆的高度大概在4公尺左右。

　　不過，隆美爾並沒有在他的新辦公地點待多久，他又馬不停蹄地繼續挨個視察部隊，他對工作的忘我態度讓所有人對他都肅然起敬。有一次他們經過一處開滿鮮花的地區時，陪同他的一位校官無意中誇獎了一番此處的鮮花真漂亮，沒想到隆美爾拿起筆在地圖上突然劃了紅圈，然後表情嚴肅地告訴下屬：「對，就是此地，1000枚，此地最起碼埋設1000枚地雷。」還有一次，在經過塞夫勒時隨從問他要不要去看看塞夫勒有名的陶瓷廠，沒想到他很快答應，在車上他突然問道：「他們是否生產我們埋設在水底的地雷的防水外殼呢？」在這幾個月裏，他的監察又發現了諸多的問題，作為聯絡官的魯格上校記錄了幾個突出的問題：

　　岸防部隊的各指揮官並沒有統一化的作戰理念，都是按照自己的標準去構建防禦，這裏面絲毫沒有溝通和協作；

　　幾個大型港口的防禦計劃是比較合理的，但其他港口的防禦幾乎還是空白。而且對港口守備部隊的佈置不是很合理，這應該可以從迪

●受不了楓丹白露的金碧輝煌和藝術格調，隆美爾更喜歡拉羅什的風景宜人和良好氣候。在獲得最高統帥部許可之後，他將他的指揮所搬到了拉羅什蓋恩城堡，開始享受「山高皇帝遠」的自在……

●一片狼藉的迪耶普灘頭，可以看見海灘上還有大量被打壞的英軍戰車沒有被清理掉。這次反登陸作戰的勝利似乎給了隆美爾某些啟示，這也是他堅信的在西西里和北非的失敗和迪耶普的勝利所證明的某些真理。

耶普港的作戰中吸取經驗——分佈在火力圈外的部隊很容易被敵軍端掉；

海岸砲兵部隊缺少有效的火控設備；

隆美爾為了近一步強化對登陸艇的殺傷力，他要求在10～30公尺深的水域佈設音響水雷和磁水雷，這種混合佈設方式可以有效地摧毀登陸艇，不過此時這兩種水雷還在研製中；

丹麥地區沿海缺乏有效的火力，部隊缺乏機動能力；

最高統帥部對高層指揮體係的安排十分不合理，而且海空軍和陸軍部隊將領之間的不和將導致諸多的問題。

正如1944年1月隆美爾寫給他的妻子的信中提到的：「工作的阻力越來越大，官僚主義和守舊主義反對一切新事物，總給我們造成各種麻煩，但我想我們能處理的。」

在隆美爾撰寫的關於加強大西洋壁壘防禦品質的詳細報告中，他憑藉自己豐富的一線調查材料和作戰經驗，做出了很多合理後來也是被盟軍的行動所證明了的建議和推斷。其中最有名、無論戰前還是戰後爭議最大的一條建議就是：大西洋壁壘還不足以抵禦盟軍的登陸，必須在緊貼防線的地區部署相當數量的裝甲師和裝甲擲彈兵

師，以在盟軍登陸的瞬間能夠組織有效而精準的反擊。而這可以從反觀西西里島、安奇奧灘頭的功虧一簣，以及迪耶普的成功，來得到印證。儘管迪耶普的情況非常特殊，但恰恰說明了缺乏足夠海空優勢和攻擊決心的大規模兩棲登陸作戰必然會失敗，而德軍能將那些前來「送死」的英國人「趕下海」，恰恰是因為後方的增援部隊可以在沒有阻礙的情況下迅速馳援灘頭守軍。而這種毫無阻礙進軍的意圖在盟軍具備空前海空優勢的1944年無疑是癡人說夢！

儘管龍德斯泰特和隆美爾相互尊重，前者對後者還非常器重，但尊重和器重並不能解決他們之間的分歧，尤其是事關西線戰役命運的觀點分歧。

在希特勒下發的第40號指令中，他明確規定要將敵人消滅在海上，絕對不能讓敵人登上德佔區的領土。而在龍德斯泰特和隆美爾看來，這實在是一種一廂情願的美好期望，就當時德軍的實力來說，海上殲敵是天方夜譚。西線德軍除了幾個傘兵師和步兵師外大都戰鬥力比較弱，唯一具有反擊能力就是9個裝甲師。但是對於裝甲師的使用究竟是部署在靠近海岸線的位置還是留在在後方作為機動防禦部隊，隆美爾和龍德斯泰特產生了激烈的爭執。以龍德斯泰特為首的一群有東線作戰經驗的德軍高級將領認為，大西洋壁壘不可能阻擋住盟軍的登陸，但可以遲滯盟軍

●根據隆美爾自己在非洲的經歷和他對以往經驗的判斷，裝甲部隊應當盡可能靠近灘頭佈置，而非置於後方作為機動兵力。遠離海岸線區域作為機動兵力的設想本身沒有問題，但在實際運用中將會遭到盟軍絕對的空中優勢的阻斷，變得毫無價值。

的行動，在二線陣地的配合下，能為德軍在後方待命的機動部隊集結爭取時間，最終解決問題的，還是要看機動部隊能否在盟軍立足未穩的情況下徹底消滅其灘頭陣地。

在隆美爾擔任了B集團軍群司令後，他更清醒地認識到在沒有空中優勢和足夠的兵力【註釋10】進行防禦的情況下面對盟軍即將發起的進攻，只有一個辦法可以獲得勝利：全力阻止盟軍在海岸上登陸，如果他們已經上岸，也要依靠障礙物和地雷阻滯盟軍的登陸行動，盡可能把盟軍部隊消滅在沒有任何隱蔽物的海灘上。否則一旦盟軍佔領了灘頭陣地，佔據絕對優勢的海空軍就將給德軍的反擊帶來滅頂之災。隆美爾在北非作戰時深受佔據了絕對空中優勢的盟軍打擊之苦，特別是在突尼斯戰役中，他的部隊在向前線推進時受到了巨大的損失，所以他認為應該將預備隊盡量靠近海岸線，一旦開戰可以迅速回應，如果預備隊佈置在大後方，開戰時是不可能及時抵達濱海作戰地區的，盟軍的海空優勢可以將每一條通往前線的道路變成燃燒的地獄。由於德軍不具備空中優勢，部署在海岸線附近的裝甲部隊在戰鬥打響後就可以及時投入戰鬥，利用其機動能力和盟軍登陸部隊展開近距離的貼身戰鬥，這樣不僅可以限制盟軍的艦砲火力支援，而且一定程度上還可迫使盟軍放棄轟炸機的廣泛使用，從而抵消盟軍海空力量的優勢，最後依靠德國戰車把缺乏重裝備的盟軍登陸部隊消滅在灘頭或者趕下大海。從西西里島、薩勒諾和安奇奧

●「他只指揮過步兵連」，裝甲兵上將施韋彭堡對隆美爾的抗登陸構想不屑一顧，而爭執的結果就和這個世界上發生的絕大多數爭論的演變情況一樣。

的登陸戰來看，龍德斯泰特等人堅持的抗登陸理論並沒有取得成功，德軍裝甲部隊的反擊在盟軍海空火力的絞殺下徹底失敗，這也給了隆美爾更多的自信。

龍德斯泰特根據他在東線作戰的經驗認為，如果戰車全部部署在一線，盟軍一旦在德軍意想不到的地方登陸並撕開大西洋壁壘向內陸挺進的話，德軍就沒有預備隊可以堵住缺口，整個防線將會徹底崩潰。西線裝甲集群司令施維彭堡上將也極力反對隆美爾的提議，他挖苦隆美爾道：「我們的裝甲部隊白天可以睡覺，晚上可以照常推進，不存在被敵軍困住的

問題！」他甚至還對隆美爾的參謀長漢斯‧史派達爾言辭譏諷：「他只指揮過步兵連！」為此施維彭堡和隆美爾發生了口角，導致後者不得不用陸軍元帥的威儀來壓制裝甲兵上將的出言不遜。儘管此後的戰役進程讓施維彭堡多少改變了對隆美爾的看法，但他終究無法完全放棄自己從東線獲得的經驗，戰後他在回憶錄中還是針對隆美爾的作戰理論提出了自己的意見：

「隆美爾的以下理論是不合常理的，有著致命的缺陷

a.關於‘在敵軍掌握了制空權後裝甲部隊無法運動’的錯誤理論。在我們優秀的指揮官引導下，SS第12裝甲師和國防軍第2裝甲師在幾乎毫髮無損的情況下抵達了作戰地區。裝甲教導師的損失較重，這主要是由於龍德斯泰特命令裝甲教導師在白天行進，這對於戰時的海軍和裝甲部隊來說都是不可接受的；

b.關於『沒有大量可迅速抵達前線的後備裝甲師，大規模登陸不可能抵擋得住』的錯誤理論。單靠裝甲部隊不可能在敵大口徑艦砲射

●佈置在法國和比利時邊境上的一輛法製的S-35戰車，主要用於填補雷場之間的火力空缺，打擊排雷的盟軍士兵，不過其47mm口徑的主砲火力太弱，盟軍戰車登陸後一砲就將其擊毀。這就是D日當天德軍能投入灘頭反擊的幾乎全部「裝甲力量」了，焉能不敗？

程範圍內戰勝敵軍，這在西西里島和薩勒諾的戰役中就已經知道，另外從邏輯上考慮，從後方調運一支裝甲部隊到前線要比縱向調動方便得多，畢竟後者是要處於敵軍的火力打擊範圍之內的，如果後者是可行的，那麼從後方調運裝甲部隊也是可行的。」

從諾曼第登陸後的陸上戰鬥來看，如果德軍能在靠近海岸線的公路節點上配置裝甲部隊，並在登陸開始後立刻投入戰鬥，即便無法將盟軍登陸部隊聚殲於灘頭，至少能讓在德軍海岸防線後方降落的盟軍傘兵部隊遭受巨大的損失。應該承認，對盟軍來說，隆美爾的意見沒有被採納是幸運的，否則，歐洲第二戰場的開闢將付出更加慘烈的代價，當然這都是後話。

裝甲部隊運用上的爭論一直鬧到希特勒那裏，最終由希特勒進行了調解。結果隆美爾得到了3個裝甲師的指揮權【註釋11】：第2、21、116裝甲師，其中部署在卡昂東南方最接近海岸的第21裝甲師恰恰是在D+1日給盟軍帶來最大麻煩的裝甲部隊。而實力最強的LAH師、SS第12裝甲師和裝甲教導師被編為統帥部裝甲預備隊，除希特勒外任何人無權調動。這個決定其實是剝奪了西線總司令和B集團軍群司令對裝甲部隊的指揮權和第15集團軍機動部隊的調動權，也就奪走了隆美爾手中最鋒利、最令盟軍膽寒的利劍。擅長裝甲集群作戰的隆美爾無法發揮他的長處，對於盟軍來說這不能不說是件幸運的事。這一爭論的後遺症在於，德軍高級將領間的意見不合對德軍的防禦計劃產生了嚴重的影響，而作為西線德軍總司令的龍德斯泰特由於無法直接調動海空軍部隊，成為影響西線作戰的重要因素之一。

【註釋10】

隆美爾指揮的B集團軍群共計39個師，23個部署在加來地區，諾曼第地區的守軍為第7集團軍下屬的6個師加3個團，共9萬餘人。

【註釋11】

西線德軍共有9個裝甲師和1個裝甲擲彈兵師，除陸軍第2、第21和第116個裝甲師是歸隆美爾直接戰術管制外，其餘均屬最高統帥部的戰略總預備隊(LAH師、SS第12裝甲師、SS第17裝甲擲彈兵師以及裝甲教導師)，且必須獲得希特勒的授權才能調動。至於第9、第22、SS第2裝甲師則隸屬於G集團軍群，用以防備盟軍在地中海沿岸的登陸。

# 第十二章 德軍的兵力部署

　　我們已經看到號稱固若金湯的大西洋壁壘在1944年初還有諸多的問題和漏洞，那麼駐守在這條防線上的德軍部隊戰鬥力到底如何呢？

　　至1944年6月，德軍在西線總共部署58個師，其中具有戰鬥經驗的步兵師僅占少數，大部分是缺乏訓練與作戰經驗的守備師（33個守備師，15個步兵師，9個裝甲和1個裝甲擲彈兵師）。西線德軍總兵力約有95萬人，1400～1600輛戰車，以及近5000門各式火砲（口徑從50～420mm不等，德軍從佔領國繳獲了大量的火砲，在這5000餘門火砲中，只有1102門為德造，其餘都繳獲自國外）。由於希特勒不停的從西線抽調士兵前往東線，所以造成西線每個步兵師缺員非常厲害。不過德軍在一些重點地區的兵力密度還是很高的，如在布洛涅部署有10000余名士兵，而在海峽群島上則集結了25000人，布列斯特的兵力更是超過了35000人，相反在一些希特勒認為不適合登陸的地區則只派少量哨兵把守。

　　西線部隊中，共有38個步兵師和守備師部署在海岸線上，防守自荷蘭、比利時蜿蜒至法國大西洋沿岸以及至地中海的長達3000餘公里的海岸線。部署在荷蘭、比利時境內有8個師，另有17個師分佈在法國南部。諾曼第300餘公里的海岸線上卻只有6個師（而且其中4個是守備師），其中3個師駐守在科唐坦半島西

●加來的一處的均海岸砲兵指揮中心，德軍士兵正在地圖上測算各種參數。

部的瑟堡地區，另外2個師駐防於維爾河與奧恩河之間長度約64公里的海岸線上，1個師則位於奧恩河東側。從上述的資料可以看出，諸多的原因造成了德軍在大西洋（至少絕大部分）壁壘上並不構成「防線」一說，而只是防護，這種兵力廣泛的分佈現象造成的直接後果就是無法集中優勢兵力殲滅敵人。

在裝甲機動力方面，整個諾曼第地區也只有1個裝甲師（第21裝甲師）可用於反擊敵人登陸。雖然隆美爾轄有3個裝甲師，並且在緊急狀況之下可彼此支持，但另外2個師均遠在塞納─馬恩河東側，在缺乏空中掩護與交通條件惡劣的情形之下，能及時馳援戰區的機會微乎其微。由於1944年間1個德軍裝甲師的實際戰車數量約為90～100輛，可見在反擊規模龐大的盟軍登陸戰時，德軍所能掌握的機動兵力是如何薄弱。

空軍方面，德軍第3航空隊雖位於西線防區，不過卻直接受空軍總司令戈林指揮。其轄下共有815架各式飛機，而飛機可靠率只有不到50％，最好條件下也只有半數左右的飛機適合作戰。在全部飛機

中，有325架（40％）為轟炸機，315架（39％）為單、雙發戰鬥機，僅有75架（9％）為攻擊機。

德國在海峽地區的海軍兵力計有：100艘左右各式潛艇、8艘驅逐艦和大型魚雷艇、5艘小型魚雷艇、34艘魚雷快艇、262艘掃雷艇和巡邏艇。德國海軍在諾曼第地區只擁有4艘魚雷艇、15艘快艇以及6艘砲艇。雖然岸上配置有海軍砲臺，但海軍並未擁有自己的偵察飛機能夠實施偵察。毫無疑問，以這樣的海、空軍兵力與裝備來對付盟軍的登陸，難度是十分大的。

從表面上看，德軍雖然在西線集結了大量的兵力，但從能投入戰鬥的人數和裝備來比較的話，可以發現在德軍為數龐大的作戰師下存在巨大的漏洞。1944年的德國陸軍師按照其性質和編制分為兩類：一類為步兵師，每個師下轄3個步兵團（各轄2營）、1個砲兵團（轄3營）、反戰車營、工兵營、警衛營、補充營以及師後勤和直屬部隊；第二類為守備師，固守在海岸線上的某地區，專責海岸防衛及部隊訓練，這些守備師大部分都成立於1940年以後，由後備兵力組成，戰鬥力不及步兵師，其編制為每師下轄2個步兵團（各轄2營）、1個砲兵團（轄3營）、1個補充營、1個反戰車連、1個工兵連，另外還有師後勤部隊以及直屬部隊。除陸軍各師外，另有隸屬空軍地面部隊的傘兵師，其編制除為每師下轄3個步兵團（各轄3營），其餘同陸軍步兵師。傘兵師不僅在人員數量方面較陸軍步兵師多，而且其武器和訓練水準也要比較強，每師總兵力約在16000人左右。

根據任務不同，德軍各守備師兵力結構還有很大的差異。如守備瑟堡的709師，因屬要塞守備部隊，所以配屬有3個步兵團，反戰車部隊及工兵都是營級部隊，顯然要比單純的海岸守備師強得多。1944年的德軍步兵師（含守備師），兵力總數介於10000～12500人之間。而美軍步兵師編制為3個步兵團（每團轄3營），另轄4個砲兵營、1個戰車營或驅逐戰車營（戰車營、驅逐戰車營的配屬會變動）等部隊，總兵力超過14000人。英軍步兵師則轄3個步兵旅（每旅轄3營），另配屬3個砲兵團（每團3營）以及反戰車團，總兵力高達18000人。相較之下德國步兵師不僅在步、砲兵方面的實力遜於盟軍，兵員總數也只有盟軍同級單位的三分之二。在成員素質上也存在較大的差距，上

文已經提到，蘇聯戰場吸引了德軍眾多的兵力，由此留在西線的多數為訓練、經驗不足的新兵，而且平均年齡偏高。1944年德國陸軍成員平均年齡為31.5歲，西線德軍方面以709守備師為例，全師平均年齡高達36歲；更有甚者，165守備師全師官兵高達90%均患有胃疾，士兵臉色蒼白如麵包，素有白麵包師和胃病師之稱。駐守諾曼第與布列塔尼地區的84軍，在其直轄5個師共42個步兵營中，有8個為蘇聯少數民族（哥薩克、韃靼等）志願軍組成的東方營，幾乎占其總兵力的20%。其中又以諾曼第地區的709師（3營）和716師（2營）為最。而在機動力方面，德軍更是落後不少。1944年德軍步兵師中擁有的機械化車輛數尚不及戰爭初期步兵師標準的一半，由於缺乏足夠的卡車，德軍步兵師根本談不上戰場機動力。

除了陸軍外，德國海軍和空軍在大西洋沿岸也建有為數眾多的基地，因此在大西洋壁壘上德國空軍和海軍部隊的人數也不少，不過數量上看，海軍海岸砲兵和空軍高射砲部隊佔據了海軍和空軍部隊的大多數。

### 挪威境內兵力佈署

● 德軍正在為掩體內的1門繳獲自捷克的Pak 36(t)反戰車砲裝彈，火砲口徑為47mm。

　　1944年6月在挪威境內的德國守軍為挪威集團軍群，雖然號稱集團軍群，但其實只有集團軍的規模，這支部隊的大部分兵源為挪威人，挪威士兵和德國士兵比例為10：1，其戰鬥力也因此而大打折扣。從1940年至1944年底，挪威集團軍群的司令一直都是尼古拉斯馮法肯霍斯特上將，原先的總參謀長為魯道夫巴勒姆中將（1942年至1944年2月在任），後來尤金泰拉克爾少將接替巴勒姆中將出任法肯霍斯特的參謀長。1944年6月，挪威集團軍群下屬的作戰單位有第19山地軍、第34山地軍、第33軍、第70軍、71軍和第89步兵師。其中第89步兵師為後備部隊，該師于1944年初成立，6月份在挪威剛剛完成為期4個月的訓練，隨即被調往歐洲中部駐防，負責盧昂—勒阿弗爾一線。

　　至1944年4月12日，挪威境內德軍分佈如下：

　　第19山地軍：下轄第6山地師，270步兵師，388擲彈兵旅和193擲彈兵旅，挪威自行車偵察旅作為預備隊。

　　第71軍：下轄503擲彈兵旅，140步兵師，139山地旅，210師和230師，另外還有羅佛敦工程旅。

　　第33軍：下轄第14空軍野戰師，102師和295師。

　　第70軍：下轄280師，274師，613師。

　　第34山地軍：芬蘭山地旅和挪威裝甲旅。

　　集團軍預備隊：第7山地師。

　　在挪威海岸線上還有大量的德國海軍海岸砲兵部隊，共計14個營，即501～507營，510～516營；另外還有10個海軍高射砲兵營，即701、702、706、709、710、714、715、801、802和822營。

　　由於挪威地處大西洋壁壘的最北端，離補給線比較遠，一旦盟軍選擇在此登陸，預備隊不可能立即抵達登陸地點，所以德軍對挪威的防禦相當重視。然而由於兵力有限，只能在一些峽灣、港口的入口處、軍事基地等要地派重兵保護，在港口和峽灣內部只建造了一些野戰工事，並沒有駐守部隊。根據希特勒的指示，結合挪威境內的實際地形，挪威集團軍群司令部將如下地區作為重點防護地區：納爾維克、羅佛敦群島、朗格島、特羅姆瑟、波多、摩爾、維加群島、雷爾維克、特隆赫姆、克利斯蒂安松、阿雷松德、索倫德、貝根、斯塔萬

格、弗萊克菲尤爾、克里斯蒂安桑、阿倫達爾、滕斯貝格和奧斯陸。其中3個重點防禦地區是上文已經提到的位於最北端的納爾維克、南部的擁有諸多海空軍基地的貝根和潛艇基地特隆赫姆。

德軍在挪威沿海共佈置了225個砲兵陣地，大中型火砲1000門，其中口徑超過240mm的火砲40門。火力最猛烈的為位於納爾維克的多倫德恩斯砲臺，共計裝備有4門406mm口徑的超級火砲，另外還有安裝在奧蘭多市奧斯特拉特堡的從德國海軍「格奈森諾」號戰列巡洋艦上拆下來的3門口徑為280mm的主砲，用於打擊任何靠近特隆赫姆灣的盟軍艦艇。德軍還在挪威沿岸建造了15個岸基魚雷發射陣地，發射管數量從1個到4個不等，都採用加強型工事防護。

德軍在挪威沿岸共計建造了280個加強型大型防禦工事，小型防禦工事數量超過1000個。值得注意的是，和丹麥境內的工事不同的是，挪威境內的工事大都建在堅硬的花崗岩上，所以直到現在都保存得比較完好。

● 安裝在挪威的280mm三聯裝岸砲砲臺，取自1943年受創後廢棄的「格奈森諾」號。

### 丹麥境內兵力佈署

1940年春，在迅速佔領了丹麥後，德軍立即開始了丹麥沿岸的防線建設。德國佔領軍駐丹麥的最高司令官為赫曼馮漢娜根中將，他認為盟軍要想登陸，必定會先佔據1～2個港口，所以丹麥境內的港口成

## 大西洋壁壘的重點防禦區和超級火砲

　　有段時間，大西洋沿岸大口徑火砲砲臺的建設重擔全部由德國海軍負責，德國海軍的一些軍官一度成為火力調節官，即只需要負責沿岸各種口徑海軍火砲的協調射擊。根據當時的規定，當盟軍艦艇編隊出現在海面時，由德國海軍的海岸砲兵對其進行打擊，敵軍登陸後則由德國陸軍的砲火提供火力打擊。這種佈置的缺點是火砲和觀察哨位置的選擇上雙方存在著爭議，而且含糊的打擊範圍會導致將來責任的推卸。

　　大西洋壁壘共劃定了36個重點防禦地區，從北到南分別如下：

　　挪威3個，分別是納爾維克、貝根和特隆赫姆；

　　丹麥4個，分別是佛雷德里克港、漢斯特霍姆、奧爾堡和埃斯堡；

　　德國10個，分別是敘爾特島、赫爾戈蘭島、布隆斯比特爾港、庫科斯哈文、威斯穆德、威廉港、萬根沃格島、諾德尼、埃姆登和波爾庫姆；

　　荷蘭4個，分別為登海爾德、艾默伊登、福凡郝蘭特和弗里辛恩；

　　法國12個，分別為敦克爾克、加來、布洛涅、勒阿弗爾、瑟堡、聖馬婁、布列斯特、洛里昂、聖納澤爾、拉羅歇爾和吉倫特河口；

　　海峽群島3個，分別為奧爾德尼島、根西島和澤西島。

　　至1944年6月，這些重點防禦地區大部分已經建起了為數眾多的加強型防禦工事，其中11處按照希特勒的指令建成了要塞型防禦地，分別是：

　　荷蘭2個，分別為艾默伊登

●加來地區的凱撒砲臺，頂端的混凝土工事仍未完工。為了吊裝大口徑火砲，德軍在工地搭建了大型的吊機，圖為在加來地區的吊機正在吊裝口徑406mm的巨型火砲，加來地區共有類似的火砲三門，分別命名為安東，布魯諾和凱撒。

和福凡郝蘭特；

　　法國9個，分別為第15集團軍防守的敦克爾克、布洛涅和勒阿弗爾，第7集團軍防守的瑟堡、聖馬婁、布列斯特、洛里昂和聖納澤爾，第1集團軍防守的吉倫特河口。

　　為了對付盟軍，希特勒不惜血本在大西洋沿岸部署了為數眾多的超級火砲，口徑從280mm至406mm不等，具體分佈如下：

　　挪威境內共11個陣地，共計35門超級火砲；

　　丹麥境內共2個陣地，共計8門；

　　德國西北角和弗裏西亞島共4個陣地，共計12門；

　　比利時2個陣地，8門；

　　法國從敦克爾克至勒阿弗爾一線共11個發射陣地，共計30門；從下諾曼第至塞納河一線共2個陣地，共計4門；從布列塔尼到法國西部一線共4個陣地，13門火砲；

　　海峽群島只有1個陣地，4門火砲。

　　希勒特在大西洋壁壘共計佈置了37個超級火砲陣地，投入超級火砲114門。

了德軍的重點防護地區，同時為了能夠讓後續部隊快速抵達盟軍登陸地點，駐丹麥的德軍特地對防線後的一些橋樑進行了加固。從1943年開始，駐守丹麥的德國陸軍和海軍開始對丹麥沿岸的工事進行系統強化，從與德國接壤的邊境開始一直到斯卡恩，然後繞到菲特烈港，防線上的重點地區分別為菲特烈港、斯卡恩、羅肯、漢斯特霍姆以及西側的桑德韋、巴爾瓦德、埃斯堡和利姆福德，其中漢斯特霍姆和埃斯堡為重中之重。沿線共有78個砲兵陣地，裝備各種大中型火砲300門，其中最大的2門380mm口徑的火砲分別位於埃斯堡和奧吉斯比，另外還有一些魚雷發射陣地。

　　由於德軍防線過長，所以丹麥沿岸工事一直到盟軍諾曼第登陸還沒完全建造完畢。在這之前，德國海軍曾經警告過丹麥守軍盟軍可能會突襲通往波羅的海的重要通道斯卡格拉克，一旦盟軍得手，他們很快能夠突入波羅的海，由此孤立挪威並對德軍的潛艇基地造成巨大的威脅。丹麥守軍於是在日德蘭東部和菲因島以及西蘭島上建造了大量的工事。

　　在丹麥沿岸建有各種類型，數量龐大的工事，小到簡單的高射砲掩體，大到菲特烈港、漢斯特霍姆、埃斯堡的要塞型工事，在這幾個

●一處高射砲陣地，主要用於保護港口附近的一個雷達站，陣地上的德軍士兵在形勢不太緊張的時候趁天好出來放鬆一下，注意前方戰績板上畫的7架飛機標誌，表示這個陣地擊落了7架盟軍的飛機。

●重型岸砲陣地中安裝的305mm口徑岸砲，照片攝於戰後。

重點地區的要塞型工事數量分別達到了300、700和1300，德軍在丹麥境內前前後後共建造了超過7000個工事。

在丹麥的德軍部隊不像挪威那麼多，到1944年4月，在丹麥的守軍為160師和233師，預備隊為616師。此外在丹麥境內還佈署有9個海軍海岸砲兵營，4個海軍高射砲營和2個後備海岸砲兵營。

## 德國境內兵力佈署

德國的海岸線只從丹麥邊境延伸至荷蘭邊境，在這條狹窄的海岸線上分佈著德國最為重要的港口和海軍基地，如漢堡、不來梅、威廉港、庫克斯港，這些港口對德軍的重要性不言而喻，因此對這些港口的防護也如銅牆鐵壁般嚴實。而在接近這些港口的島嶼上，防守更加嚴密，如東弗里西亞群島，島上幾乎到處都是德軍修建的工事，在毗鄰北海的德國灣內，德軍居然在此修建了50個砲臺，其中光240mm口徑的火砲就有12門，其火砲密度之大在大西洋壁壘上幾乎無出其右。

德國海軍在德國境內的海岸砲兵數量相當龐大，1944年時這些海岸砲兵和高射砲部隊（還有一些港口巡邏艇部隊）按照地域分別歸屬2個司令部管轄，即北海司令部和德國灣司令部，這裏僅列舉北海司令部的下屬部隊：

波爾庫姆島部隊：1個港口巡邏艇小隊，1個海岸砲兵營和1個海軍高射砲營；

埃姆登部隊（覆蓋荷蘭北部5省）：1個海軍高射砲部隊（下轄6個營），2個後備高射砲營和1個海軍摩托化運輸營；

諾得尼島部隊：1個海岸砲兵營和1個海軍高射砲營；

萬根沃格島部隊：2個海岸砲兵營，1個海軍高射砲營，1個高射砲訓練營；

威廉港部隊：1個港口巡邏艇小隊，1個海軍高射砲團（即後來的海軍第2高射砲旅），下轄7個高射砲營，1個海岸砲兵營；

不來梅港部隊：2個海軍高射砲營；

赫爾戈蘭島部隊：1個海岸砲兵營和1個海軍高射砲營；

庫克斯港：1個港口巡邏艇小隊，1個後備海岸砲兵營和1個海軍高射砲營；

布隆斯比特爾港部隊：1個高射砲團，下屬4個營；

舒爾特：5個高射砲營，1943年底縮減到3個。

## 荷蘭境內兵力佈署

荷蘭佔領軍總司令為德國空軍的弗雷德里希克利斯蒂安森將軍。

●1940年比利時西北部西佛蘭德省的澤布呂赫，為海岸砲陣地實施警戒的德軍機槍手使用的是荷蘭製造的M20輕型機關槍。

● 比利時澤布呂赫的一處德軍步兵掩體內部照片，這個掩體可以容納1個班大概10名士兵居住，桌子後方的架子用來擺放頭盔、步槍和單兵裝備，此外掩體內還有取暖用的爐子。

荷蘭境內的兵力部署有點混亂，首先是B集團軍群直屬的第88軍（轄374師、719師和第16空軍野戰師）有部分負責駐守在荷蘭境內，另外第15集團軍下屬的第70步兵師也駐防在荷蘭。西弗里西亞群島和華登群島的守備部隊負責荷蘭北部的海岸線安全，其主要防守地區為瓦登海和艾瑟爾，通過對這兩個地區的重點防守，通向阿姆斯特丹的交通要道已被德軍牢牢掌握。北荷蘭半島最北端的登海爾德於1942年7月確定為重點防禦地區，而在登海爾德以東不遠處就是登歐弗，此處是艾瑟大堤壩的最西端，具有極大的戰略意義。所以德軍不僅在大堤附近修建了3座大型工事，而且還在登海爾德地區修建了20餘座工事。

沿著海岸線南下，相繼有艾默伊登和福凡郝蘭特作為重點防禦地區，在福凡郝蘭特和鹿特丹之間的羅森堡群島上同樣也是工事密集。羅森堡群島是前往鹿特丹的必經之地，所以在此加強防守力量，可以有效地保護鹿特丹港。另外還有一處工事密度相當高的小島——瓦爾赫倫島，這個島就在斯凱爾特河的入海口處，離開安特衛普港不遠，所以德軍對這個島的防禦可以說是見縫插針，島上建有18個大型砲

臺，海岸線上到處都是反戰車砲和各種口徑的小型火砲，一些民房也被強行徵用，裏面按上火焰噴射器，可以出其不意地殺傷登島的盟軍。在這個彈丸之地上，德軍駐兵超過10000人，另外還有85艘小型巡邏艇，人員最高峰時島上擁擠不堪，垃圾成堆，後來為了給島上的士兵提供住宅，德軍強行驅逐了島上的居民。

　　德軍在荷蘭境內大概共修建了60個砲臺。除此之外，還有7個海軍海岸砲兵營（201～206營以及第607營）和6個高射砲營（246、703、808、810、813和816營），以及2個港口巡邏大隊和內河巡邏大隊。

## 比利時境內兵力佈署

　　比利時境內的防護相對比較弱，在北海沿岸大約65公里長的海岸線上分佈著37座砲臺，在奧斯坦德還駐守有1個海軍海岸砲兵營。德軍在比利時境內共規劃了15處築壘地區，比較有名的為布蘭肯柏、澤布呂赫、奧斯坦德以及紐波特等，不過這些地區的工事修建極為緩慢，1943年12月21日隆美爾抵達比利時沿岸視察時這些工事只完成了計劃的50%。

●1942年完工的林德曼砲臺，其實此時該砲臺尚有大量工程還未完工，還不能投入正常運行，只不過是為了給德軍造勢。

## 法國境內兵力佈署

作為西歐最大的國家，法國有著漫長的海岸線和眾多的港口，由於和英國隔海相望，所以法國沿岸無疑是盟軍最理想的登陸場地點。法國的兵力部署是讓德軍將領感覺最為棘手的問題，為了清晰起見，筆者將法國境內的部屬分為海峽沿岸、下諾曼第和大西洋沿岸。

海峽沿岸毋庸置疑是盟軍最有可能的登陸地點，德軍為此在這一地區屯集重兵，其重點防禦的地區有敦克爾克、加來、布洛涅和勒阿弗爾港。德軍以加來和布洛涅為中心，在此構築了4個大型海軍砲臺：

林德曼砲臺，位於桑加特南部不遠，主體建築為3座大型砲塔1座火控塔，3座砲塔分別名為安東、布魯諾和凱撒，每座砲塔安裝一

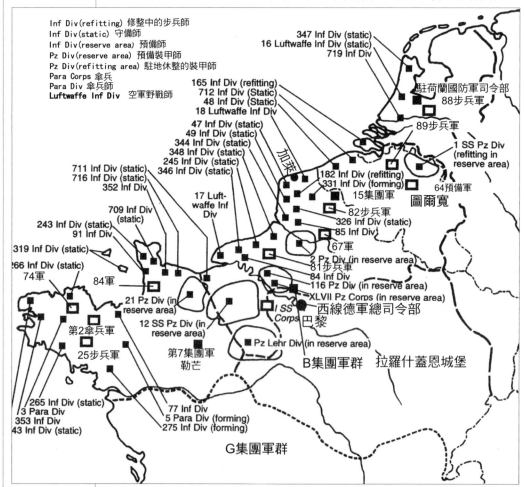

門406mm口徑的SKC/34火砲，使得這個砲臺成為大西洋上火力最強的砲臺；

　　大選帝侯砲臺，位於格里斯－納茲角的弗雷姆茲，4門280mm口徑的SKL/50火砲；

　　托特砲臺，哈林士雷茲附近，4門380mm口徑的SKC/34火砲；

　　弗里德里希奧古斯特砲臺，位於拉特拉斯奧里，3門305mm口徑的SKL/50火砲。

　　這4座砲臺耗費了德軍巨大的財力和人力，但其在抗登陸作戰方面發揮的作用卻相當有限，後來全部被加拿大軍隊佔領。

　　除了這些巨型砲臺外，在海峽沿岸還有為數眾多的各種中小型砲臺，從與比利時接壤的佈雷德恩斯開始，多佛爾海峽沿岸的工事密密麻麻，尤其是在雷達站和V－1飛彈發射陣地附近更是密集。先是敦克爾克，工事包圍了整個鎮，並且隨海岸線延伸5公里，1944年夏盟軍先後解放了加來和布洛涅，但對於敦克爾克卻始終無從下手，足見其防禦之密，最後拖到1945年5月10日才最終拿下。

　　布洛涅下來就是迪耶普，此處雖然沒有列入德軍的重點防禦名冊，但其工事密度卻一點也不比布洛涅等重點防禦地區小，可能德軍認為既然盟軍對此發動過襲擊，並且已經探清楚了此處的地形和防禦，盟軍再次選擇此地作為登陸點的可能性比較大。不過奇怪的是，1944年9月，迪耶普守軍幾乎沒怎麼戰鬥就向加拿大軍隊投降了，加拿大軍隊沒費什麼力氣就解放了當初令其死傷無數的夢魘之城，真可謂成也蕭何，敗也蕭何。

　　從迪耶普往南是高聳的峭壁和懸崖，顯然是不可能作為登陸地點的，然後就是勒阿弗爾。作為大西洋上工事密度最高的地區之一，勒阿弗爾的主要防禦地點是奧恩河的入海口，德軍在此先後建造了15座大型砲臺，包括海軍砲臺8座、陸軍砲臺4座、空軍高射砲陣地3個，另外還有眾多的掩體和雷達站。工事從北端的費康一直延續到南部的杜維爾，勒阿弗爾沿岸口徑最大的火砲是位於勒格哈姆尼的1門海軍火砲，口徑為380mm，射程超過35公里，可以覆蓋整個奧恩河的入海口。

　　下諾曼第地區是後來盟軍登陸的地點之一，從卡瓦爾多斯沿岸

到科唐坦半島，德軍在此共建造了2個砲臺，其中1個為梅維爾砲臺。這個砲臺雖然只裝備了4門150mm口徑的榴彈砲，但其地理位置卻極為只要——離「劍灘」只有不到1公里，這將對在此登陸的英軍產生致命威脅，所以英軍早就將其列入了重點打擊目標，在D日前的幾個小時這個砲臺就被英軍突擊隊攻佔。另外一個砲臺位於霍克角，只有6門155mm口徑的法制榴彈砲，4門位於敞開型火砲掩體內，2門位於封閉型火砲掩體，但這些火砲能對在奧馬哈海灘和猶他海灘登陸的盟軍構成巨大威脅，所以D日將由美軍第2游騎兵營負責將其端掉。

科唐坦半島最頂端的瑟堡是一個重要堡壘型城市，由於這裏是德軍主要的V－1和V－2飛彈的組裝和發射陣地，所以從瑟堡兩端的弗雷姆維爾至吉維爾哈格，瑟堡被重型砲臺和掩體層層包圍，美軍在猛烈的砲火支援下幾乎將其夷為平地，最後直至6月27日才攻下瑟堡，其防禦能力由此可見一斑。此外這裏的一些工事遭到英軍主力艦上主砲的猛轟，但仍能屹立不倒，成為盟軍最難啃的硬骨頭。

法國大西洋沿岸的重點防禦地區首推最為古老的海軍基地布列斯特，這裏也是德軍在大西洋海岸邊最為重要的海軍基地。德軍在此建造了20個大型砲臺，駐軍超過35000人，守備軍司令為赫爾曼伯恩哈德雷姆克傘兵上將。作為潛艇基地的洛里昂和聖納澤爾同樣也是重點防護地區。再往南就是比斯開灣沿岸的德國海軍的一些基地，如拉羅歇爾、拉帕利、吉倫特、波爾多以及巴尤納，其中拉帕利港內的大型砲臺配備的是塞德利茨號巡洋艦上的艦砲，這些地區的防護太過嚴密，盟軍最後採取圍而不打的戰術，直至1945年4月才將其攻下。

此外德軍還在法國境內部署了數量相當龐大的海岸砲兵部隊和高射砲部隊。

## 海峽群島

希特勒對海峽群島的鍾愛使得島上的兵員密度遠遠高於當時任何一處戰場，德國陸軍較具戰鬥力的步兵師——319步兵師由希特勒欽點駐守海峽群島，此外還有大量的德國海軍和空軍部隊，在奧爾德尼島、根

西島和澤西島上的駐兵分別如下（時間為盟軍諾曼第登陸後3個月）：

| 部隊 | 根西島 | 澤西島 | 奧爾德尼島 | 總計 |
|------|--------|--------|-----------|------|
| 步兵 | 4150 | 3900 | 800 | 8850 |
| 反戰車砲兵 | 430 | 360 | | 790 |
| 戰車兵 | 180 | 130 | 20 | 330 |
| 砲兵 | 520 | 820 | 70 | 1410 |
| 海岸砲兵 | 1130 | 1120 | 150 | 2400 |
| 工兵 | 90 | 360 | 10 | 460 |
| 通信兵 | 180 | 120 | 70 | 370 |
| 後勤部隊 | 720 | 1150 | 200 | 2070 |
| 空軍 | 1850 | 1450 | 1050 | 4350 |
| 海軍 | 1420 | 1890 | 150 | 3460 |
| 托特組織 | 310 | 150 | 150 | 610 |
| 總計 | 10980 | 11450 | 2670 | 25100 |

德軍在奧爾德尼島上修建了5個大型砲臺，根西島上則修建了15座，澤西島為8座，其中最大的是根西島上的一處砲臺，火砲口徑305mm。

● 位於海峽群島上的雷達站，這些位於法國沿海的小島不僅僅是堡壘，更是大西洋壁壘的預警前哨和重要支撐點。

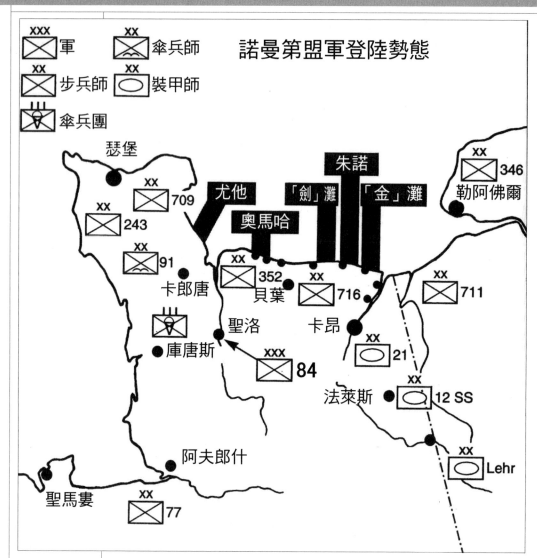

諾曼第盟軍登陸勢態

XXX 軍　XX 傘兵師　XX 步兵師　XX 裝甲師　傘兵團

瑟堡　尤他　朱諾　「劍」灘　「金」灘　346　勒阿佛爾

709　奧馬哈　243　91　卡郎唐　352　貝葉　716　711　卡昂　聖洛　庫唐斯　84　21　12 SS　法萊斯　阿夫郎什　Lehr　聖馬婁　77

## 第十三章 D日的苦鬥

　　1944年6月6日凌晨，籌劃多日的諾曼第登陸終於開始了。盟軍的登陸地點剛好選在了第7集團軍的駐地，英軍第3步兵師、第50步兵師以及加拿大第3步兵師分別選擇在劍灘、金灘和朱諾海灘登陸，此處的德軍為716師；美國第1和29步兵師則在奧馬哈海灘登陸，此處德軍的守備部隊為352步兵師；西側24公里處為德軍709師的防禦地區，美國第4步兵師將要在此登陸。雖然從6日凌晨開始，盟軍轟炸機和軍艦已

經在此砸下了超過10000噸的彈藥，但除了猶他海灘外，諾曼第海灘上的各種強化工事尚有80%得以保留，本文將專注於介紹盟軍登陸後如何對付這些工事。

### 猶他海灘

　　猶他海灘是科唐坦半島東岸從奎內維爾以南到卡朗坦河口以北的一段長14.5公里的海灘，在沙坡上設有幾道障礙物，包括鋼質的多列角錐形樁砦、比利時門、木樁等。沙坡後是一片幹沙灘，然後是90～180公尺寬的沙丘。原先海灘上的工事比較簡單，隆美爾在視察後加快了此地的工事建造速度，德軍在沙丘上築起了混凝土碉堡、托布魯克火力點、戰壕以及地下掩體，各火力點之間有位於地下的戰壕和通道相連，並在各掩體內都配備了輕型火砲。海灘後是寬1.5～3公里不等的沼澤，只有數條道路可以通行，德軍在縱深部署了28個砲連，共111門火砲，火砲最大口徑為210mm。此外709守備師還得到了第17機槍營和243守備師一部的加強，在克里斯貝克村內，德軍修建了大型砲臺，裏面配置的大口徑火砲可以覆蓋整個登陸區域，加上德國海軍海岸砲和高射砲的陣地，猶他海灘的德軍火力相當兇猛。

　　這裏重點介紹德軍在猶他海灘上代號為W5的據點，駐守其中的是243

● W5號據點的草圖。

北

● 盟軍強大的對岸火力正在猛烈轟擊灘頭陣地以支援登陸部隊的搶灘行動。事實證明，不論多麼堅固的工事，在巨大的海軍重砲猛轟下都和紙糊的一樣。

師920擲彈兵團3連的1個排，排長亞瑟·楊克少尉。一接到盟軍傘兵空降的消息，他立即下令全排進入警戒狀態，同時派出1個班的巡邏隊前去偵察，結果巡邏隊抓到了19個美軍傘兵並將他們鎖在了地下的掩體內。此時，天空中傳來盟軍轟炸機群的發動機聲，機群在他們的掩體上空盤旋了一圈進行定位，隨即，炸彈呼嘯著在他們的頭頂爆炸。整個掩體開始劇烈震動，從觀察窗中望去，炸彈爆炸後掩體週圍連沙子都在燃燒，掩體內的照明設備已經全部震壞，而他們只能苦等。當外面重歸沉寂後，楊克少尉帶領士兵沖出了掩體，展現在他們面前的是一片廢墟：「勞工和托特組織花費了幾個星期才完成的工事幾乎整個被掀翻，陣地上猶如小孩在玩沙灘雕塑般凌亂，75mm反戰車砲幾乎被擰成了麻花，88mm砲也被炸得傷痕累累，2座彈藥庫被誘爆，幾

個機槍火力點被沙子給埋沒了。好在我們的傷亡倒不是很大，士兵都藏在掩體內，雖然敵人的炸彈把整個陣地幾乎炸了個底朝天，但我們的掩體主體還完好，顯然敵人的炸彈無法穿透強化的掩體頂部。」

　　轟炸過後，楊克立即組織人員清理戰壕，搶修部分槍械，此時隆隆的聲音又從空中傳來——盟軍的第二波轟炸開始了。楊克看到密密麻麻的幾乎貼著水面飛行的盟軍轟炸機，在接近海灘時迅速爬升，然後又開始俯衝，顯然這些飛機還是沖著他們來的。他立即下令：「注意敵機，隱蔽！」話音剛落，飛機發射的火箭彈和機槍子彈就呼嘯而來，在震耳欲聾的爆炸聲後陣地上不斷傳來傷患發出的慘叫聲。顯然盟軍非常清楚他們的工事結構，機群集中火力打擊了彈藥庫，有2個位於角落中的50mm砲彈儲備庫被炸中，彈藥爆炸時整個陣地地動山搖，根本站不住人。空襲結束後，楊克少尉帶人四處搶救傷患，他發現陣

● 在盟軍艦隊的第一輪砲擊之後，W5據點的德國守軍發現，他們所能用的武器只剩下了1門又老又破，原本用來充數的FK-16型野砲，以及1門已受損但是還能射擊的88mm砲。雖然納爾遜說過，出色的海軍將領不會用自己的船和岸砲硬拼，但是實力相差到這種程度，倒也無妨。

●一片狼藉的猶他海灘，盟軍後續部隊陸續從登陸艇中上岸，深入法國縱深殲滅德軍。

地上幾乎找不到完整的武器，到處都是金屬碎片，掩體也成了廢墟，士兵們傷亡慘重。

　　這一切僅僅是開始，當德國人好容易把陣地清理出來一點樣子後，盟軍艦隊的火力準備開始了。砲彈如冰雹般密集地砸下來，德軍陣地再次陷入火海，挖好的戰壕又重新被填埋，深埋在海灘下的電纜也被翻了出來，埋在海灘上的地雷有很多被引爆，工事早就成為廢墟，灘頭火焰噴射器的指揮哨被大口徑砲彈直接命中，大部分士兵被炸死。整個灘頭如地獄般燃燒和震動，砲彈的爆炸聲炸聾了倖存士兵的耳朵，一些人失去了抵抗意識，他們只能用手捂著耳朵在廢墟中發抖……當楊克少尉組織剩下的士兵進行反擊時，他們手中只剩下1門老舊的FK－16火砲（1916年製造的老式火砲）和1門傷痕累累的88mm砲，還沒打上幾發砲彈，這2門火砲就被盟軍的砲彈炸啞了。

　　事後據美軍統計，第9航空隊的276架B－26共在猶他海灘上投擲了4404枚250磅炸彈，猶他海灘的7個德軍據點全部被炸毀，其

中尤以佈滿了反戰車戰壕的W5號據點為重點，一些找不到目標或者沒有東西可炸的飛行員在返航時把多餘的炸彈都扔在了W5號據點上，由此可見這個據點挨炸的慘烈程度。開始於5：25的艦砲轟擊共持續了約40分鐘，在艦砲的火力支援下，33艘登陸艇開始朝猶他海灘進發，20艘人員登陸艇（每艘裝載30人）作為第一攻擊波沖在了登陸編隊最前端。後方的火力支援艦艇用小口徑艦砲和機槍不斷地朝海灘掃射，他們希望能夠引爆一些地雷，等人員登陸艇距離探頭只剩300～400碼距離時，編隊指揮官立即朝天空發射了信號彈，於是艦隊的砲火停了下來。在距離灘頭還有100公尺左右時人員登陸艇放下了跳板，600名士兵湧出登陸艇，由於此前的火力壓制比較成功，所以德軍的反擊火力非常弱小，只有一些零星的砲彈在海水中爆炸，沖天的水柱只是把士兵們澆了個渾身濕透。當他們踏上灘頭時，一些士兵大聲喊道：「上帝啊，我們終於踏上法國的土地了！」

在猶他海灘登陸的美軍第4師先頭部隊是幸運的，除去德軍的火力受到盟軍海空力量的強烈壓制外，其第一攻擊波搭乘的登陸艇由於受到潮汐的影響，搶灘地點比原定登陸點南移了約1800公尺。這個意外反而給盟軍帶來了意想不到的好運：在原定登陸點有德軍1個團的兵力，還有2個砲兵連可以用火力壓制海灘；而實際登陸點僅有德軍1個連，防守力量薄弱。

到6日中午，德軍的灘頭陣地基本上被摧毀了，僅有幾個機槍火力點和躲在戰壕中步兵還在射擊，美軍沒有發起強攻，他們在耐心地等待戰車上來。當楊克少尉堅守的陣地前出現了眾多的謝爾曼戰車時，德軍士兵們一邊絕望地喊著「我們完了！」一邊用手中的步槍向戰車開火。楊克知道大勢已去了，他們的手上沒有任何反戰車砲可以對抗這些戰車，而美軍戰車已經把砲彈砸向了他的陣地。現在唯一的希望是增援部隊能及時趕到，但德軍裝甲部隊的部署和戰術卻讓楊克的苦等變成了絕望。當他最終成為美軍的俘虜時，依舊沒有等到任何己方砲火和裝甲力量的支援，

至日落時，第4師的3個團全部上陸，登錄官兵21328人，各類車輛1700餘輛，建立了正面寬4000公尺，縱深9000公尺的登陸場。D日全

天，第4師僅陣亡197人，為預計傷亡人數的10％。猶他灘頭是盟軍5個登陸場中攻擊最順利、損失最小的一個。

### 血染奧馬哈

奧馬哈海灘同猶他海灘相比，簡直是天壤之別，這裏的傷亡是5個登陸場中損失最慘重的。當時駐守在奧馬哈海灘76號碉堡內的德軍352師的一名士兵給上級的報告中就能看出盟軍的損失有多慘重：

「敵人在低潮位的時候搜索可以登陸的空地，以躲開我們佈防在灘頭的障礙物，10輛被擊毀的敵軍戰車正在燃燒，敵人的爆破小隊已經放棄了對障礙物的爆破，敵人的登陸艇好像不再繼續卸載士兵，而且這些船隻都停在離岸很遠的海面，以防被我們的火砲擊中。我們的防線幾乎完好無損，密集的火力打得敵人抬不起頭來，海面和海灘上到處都是敵人的屍體，除了槍砲的轟鳴聲外，我們還不時能聽到敵人傷兵的呻吟聲。原先在工事東邊，1個連的敵人站穩了腳跟準備向我們發起攻擊，但我們組織火力將其打了下去，由於他們的傷亡太慘重，不久後就往格魯齊方向逃竄。」

奧馬哈海灘位於猶他海灘的東面，科唐坦半島南端維爾河口到貝辛港之間，長約6400公尺。海岸是30多公尺高的懸崖陡坡，高低潮之間落

● 「上帝啊，我們終於踏上法國的土地了！」。

差約為270公尺，硬質沙地的海灘上面築有高聳的鵝卵石堤岸，後面是沙丘，唯一通向內陸的道路沿途有3個小村子。德軍充分利用自然地形構築了防禦工事，在低潮線到高潮線之間設置了3道障礙物，部分障礙物上還捆綁了隆美爾提議研製的特種地雷。卵石堤岸上築有機槍火力點，工事前還有鐵絲網和地雷陣，堤岸的4個出口都用地雷和鋼筋水泥障礙物封死。海岸上有16個堅固支撐點，配有機槍和反戰車砲，此外德軍還在懸崖峭壁內修建了砲位，配備了88mm火砲。美軍登陸時首先要面對的就是沙灘上的地雷和鐵絲網，鐵絲網隨著海岸一支延伸到反戰車牆上，鐵絲網後是雷場。上文已提及，隆美爾在地雷佈設上是真真假假，令人防不勝防的，此外德軍在海岸的懸崖陡坡上還放置了一定數量的爆炸物。曾經在奧馬哈海灘戰鬥的一名美軍軍官後來對奧馬哈海灘的工事有如下記載：

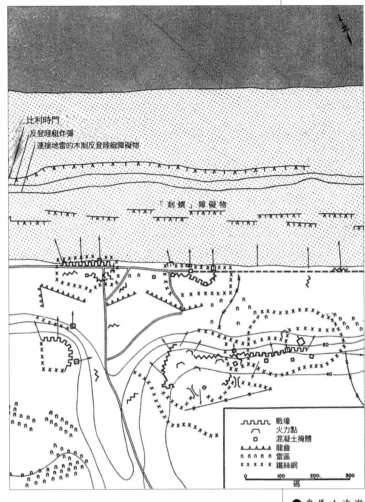

●奧馬哈海灘上一處德軍工事的草圖。可見其錯綜複雜的火力配置。

「德軍火力點的機槍火力顯然能夠覆蓋整個海灘，為了防止我們從兩端對其進行攻擊，德軍在海灘兩個邊角的懸崖上都設置了碉堡。德軍的工事非常複雜，一個大型工事往往包括了碉堡、大口徑火砲掩體、小型火砲敞開型掩體，掩體外側還有得到雷場保護的戰壕。這些工事之間顯然都有挖得很深的地下通道相連，士兵的起居室和彈藥庫應該

都在地下。由於海水沖刷,在奧馬哈海灘上有4個通往內陸的天然入口,德軍的工事主要圍繞這些入口建造,攻勢外側的反戰車障礙物格外密集,而且情報顯示,6月初德軍還在繼續強化這裏的工事……」

除了對步兵威脅最大的MG 42機槍外,德軍在奧馬哈海灘的工事內部署了大約60門各種口徑的火砲,其中8個大型火砲掩體和4個敞開型掩體內配置的基本上為75mm～88mm的火砲,35個碉堡內主要使用的是小口徑火砲。德軍還在懸崖後面部署了一些迫擊砲,有資料說在其縱深陣地甚至還部署了40門火箭砲。同時,在側翼的霍克角懸崖上配備了6門法制155mm榴彈砲,這幾門火砲除了可以打擊剛登上海灘的盟軍士兵外,還對靠近海岸線的盟軍艦艇構成巨大威脅,因此美軍專門派遊騎兵部隊將這個陣地端掉,以除後患。

盟軍之所以選擇這裏登陸,是因為其夾在猶他海灘和英軍登陸的灘頭中間,位置非常重要,在整整32公里長的海岸線上,只有這一段還勉強可以登陸,其餘地段的海岸都是懸崖絕壁。此外盟軍認為這裏

●向奧馬哈灘頭發起衝擊的第一波美軍,他們中的很多人在幾分鐘後即將死去,要想獲取勝利,難免要付出沉重的代價。

的守軍是第716守備師的1個團，既無裝甲部隊，又無機動車輛，士兵
又多是預備役，戰鬥力很差。實際上，3月中旬隆美爾為加強這段海岸
線的防禦力量，已經把352步兵師的1個主力團部署在了奧馬哈。

　　盟軍艦隊由於怕被霍克角的德軍岸砲擊中，所以只能躲在遠處射
擊，海岸上的濃煙混合水氣成了最好的煙幕，德軍工事在煙幕中忽隱
忽現，艦砲很難瞄準，這使得盟軍艦砲的命中率非常低，大部分砲彈
都打進了內陸的無人地帶。而在5：33～6：14的轟炸中，由於雲層較
低，在高空投彈的446架轟炸機把13000枚炸彈也多數扔錯了地方，結
果根本沒有摧毀德軍的重要工事，登陸前的火力準備效果比猶他海灘
差遠了。

　　首先搶灘登陸的美軍工兵和爆破大隊，結果他們成為德軍機槍和
火砲最好的目標，人員傷亡慘重，器材也大量丟失。儘管如此，他們
仍然前赴後繼冒著德軍砲火清除障礙物，為後續部隊開闢出了6個通
道。戰後統計，負責清除德軍障礙的爆破大隊和工兵傷亡近50％，幾
乎都發生在登陸後1個半小時內。

　　登陸奧馬哈灘頭的第一波美軍約有1500人，每艘登陸艇搭載30名
士兵和1名登陸指揮官，其組成和在登陸艇上的基本排列順序如下：站
在船頭的是登陸指揮官和5名步兵，緊隨其後的是專門負責剪斷鐵絲網
的工兵小組，共4人，2人攜帶大型剪切設備，2人攜帶小型設備；然後
是2個機槍小組，每組2人，各組攜帶1挺機槍；1個迫擊砲小組，共4
人，攜帶1門60mm迫擊砲和15～20發彈藥；另外還有2人制的火焰噴
射器小組；艇尾的是爆破小組，共5人，最後還有1名醫療兵和1名副指

●德軍從掩體
內拖出一門輕
型反戰車砲，
這樣可以對這
些大型掩體的
側翼提供有效
的火力掩護。
當然，這種輕
型反戰車砲更
大的作用是充
當戰防砲，用
它對付盟軍戰
車未免顯得勉
為其難。

●德軍的一處敞開型的砲兵陣地,由圖可見其對整個海灘的射界相當的好。實際上,整個奧馬哈灘頭遍佈著這種陣地,數量多到憑藉盟軍掌握的火力還不足以全部肅清的程度。正是這些犬牙交錯的火力點和陣地對盟軍的登陸部隊造成了巨大的傷亡。

揮,在這些人中間,還夾雜著身背電臺的通訊兵和扛著M1918式勃朗寧自動步槍(簡稱:BAR)的火力支援手。這些士兵除了攜帶各自的槍械外,每人還備有半磅TNT炸藥和導火索。

由於潮汐的作用和岸上迷漫的硝煙,登陸艇編隊在接近海灘時開始混亂。士兵們大多在離岸50～90公尺寬的淺水區下船,他們要冒著齊脖深的海水走上沙灘,再通過180～270公尺寬的毫無遮掩的海灘才能抵達堤岸,而德軍就躲在不遠處的工事裏面對著他們瘋狂掃射。在德軍迫擊砲和機槍的打擊下,很多美軍士兵還沒走出登陸艇就被彈雨擊中,為了躲避子彈,很多人被迫躲在水底或者登陸艇一側,然而機槍子彈在穿透水面後仍然具有殺傷力,於是血不停地從水下冒上來,一時間,整個奧馬哈海灘的淺水區幾乎被染成了紅色。由於大部分人在登陸前已經暈船,因此在行動困難的淺水中很多人根本沒力氣掙扎,慌亂中有些人甚至溺死在海中。在最初的半小時裏,第一波上岸的士兵根本無法投入作戰,只是在海灘上苦苦掙扎,找到隱蔽處的部分美軍只能躲在後面請求艦艇編隊的火力支援。計劃中伴隨步兵上岸的水陸戰車大部分因風浪太大而沉沒,少數幾輛登上海灘的戰車也在德軍反戰車砲的射擊下成了熊熊燃燒的火炬,剩餘的一些戰車登陸艇不得不在海岸附近徘徊等待,德軍的大口徑火砲抓住機會猛轟了一陣,擊沉了2艘戰車登陸艇。

隆美爾關於在海灘決戰的理論顯然是非常正確的,對盟軍來說隆美爾的建議沒有被完全採納實在是幸運之極,否則,登陸行動能否順利實施還不得而知。諾曼第沿岸的防線修建沒能跟上隆美爾預想的速

度，所以還存在諸多的漏洞，就算在防守最為嚴密的奧馬哈海灘也還有薄弱之處，不過美軍在驚慌中並未發現這些絕佳的登陸場所。當第一波登陸的士兵完全暴露在德軍的槍口下後，德軍352師師長自信地向第7集團軍司令部報告：「敵人已經被我們趕回了海中，我們的士兵正在反擊。」

當美軍第二攻擊波於7：00到達海灘時正逢漲潮，德軍砲火非常準確猛烈，將登陸部隊壓制在狹窄的灘頭上動彈不得。此時海面上擠滿了登陸艇，海灘上躺滿了人，秩序異常混亂，局面遲遲未能打開。此後美軍將領甚至考慮放棄在奧馬哈海灘的登陸作戰，讓美軍第5軍的後續部隊在猶他海灘或英軍的灘頭登陸了。在這個關頭，盟軍的17艘驅逐艦冒死駛到距海灘僅700公尺處，進行近距火力支援。驅逐艦的砲火逐步壓制住了德軍的火力，為海灘上的美軍攻擊創造了條件。美軍官兵遂奮力衝擊，最終突破了德軍的防線，拿下了奧馬哈灘頭陣地。曾經在奧馬哈海灘登陸並因此獲得了銅星勳章的美軍第1步兵師16團1營B連的哈里·雷諾德中士是第一攻擊波的成員，在戰後為第1師博物館寫的回憶錄中對這次行動有著如下記載：

「當登陸艇的跳板放下時，我們跳進了齊腰深的海水中，在我前面的是1名通訊兵，但我在下船時沖到了他的前面。德軍用機槍向我們掃

●在岸上觀看灘頭上滾滾濃煙的盟軍士兵，戰鬥的慘烈程度可以想見。

●德軍陣地上被炸毀的一門法國製造的火砲，從外形判斷為法制的1897型75mm火砲，是當時法國使用最為廣泛的火砲之一。在盟軍的狂轟濫炸中，沒有掩體保護的所有火砲陣地全數被毀。但是，這只是奧馬哈灘頭抗登入火力的一部分而——一小部分。

射，我本能地往右跑向海灘，緊跟在我身後的通訊兵還沒跑出幾步就被子彈打死了，甚至連他背著的電臺也挨了幾發子彈。看來敵人的機槍在我們的左側，我只能繼續向右猛跑。我邊跑邊搜索海灘上是否有什麼掩體，然而海灘很光滑，並沒有我們想要的能夠充當掩體的彈坑。我突然發現在離我不遠處有一個貌似用鐵軌焊接而成的障礙物，我立即朝它狂奔過去，此時我能感覺到子彈從我身邊飛過。我在障礙物旁邊蹲了下來，心狂跳不已，稍稍定了下神，我渾身上下快速檢查了一遍，看來沒有中彈，只不過褲子上被子彈穿了幾個洞。也許就一剎那的時間，但我腦子裏已經閃過了很多亂七八糟的想法，萬一我中彈了呢？萬一我被打死了呢？如果沒死下一步該怎麼辦？子彈呼嘯著從我頭頂和身邊飛過，我知道如果我能聽到子彈的呼嘯聲說明我至少還活著。

趁著機槍掃射的間隙，我朝著堤岸匍匐前進，子彈在我頭頂上亂飛，但還是沒有擊中我。當我終於抵達了鵝卵石堤岸的安全地點時，那裏已經有幾個早就過去的士兵了。潮水開始上漲，又有幾個士兵從海灘上爬了過來，這裏成為我們的臨時避難所。我大聲喊著部下的名字，希望能找到他們，但我不能側過身去看，因為我一側身肩旁就會

暴露出來。我們只能先向後退幾步，然後橫著爬過去，就像螃蟹那樣活動。後來德軍機槍調整了射界，結果趴在海灘上的人都不安全了，一樣會被打死。登陸隊形早被打亂，潮水已經漲到我們的腳邊上了，戰友的屍體隨著潮水漂了上來，他們就躺在我的旁邊。此時我已經不再感到害怕，我想我必須做點什麼。敵人的砲火愈來愈猛烈，我知道沒有退路了，只能向前。於是我找准機會抬頭看了一眼上面的地形，堤岸上有一個長滿青草的幹池塘，在池塘和我之間是一排排鐵絲網，鐵絲網之間豎著幾塊木牌，上面用德語寫著『注意地雷』。」

此時德軍的火力被第二波登陸的士兵吸引，降低了對第一波殘兵的掃射密度，雷諾德中士認為如果能夠抵達池塘，他們就能靠近德軍碉堡，然後就可以炸毀它，打開這個通道，但問題是如何穿過鐵絲網和雷場而不被德軍的機槍擊中呢？機會來了，新上來了1名工兵帶著爆破筒，連起來長度超過4公尺。

「工兵將爆破筒連起來後輕輕往前推去，冒著敵人的彈雨在爆破筒裏裝上了導爆索，可能是由於在海水中長時間浸泡，導爆索並沒有奏效。他很冷靜地再次爬到爆破筒末端，冒著德軍密集的子彈更換了導爆索，隨即拉響了爆破筒，並向後爬。但在他就要爬到安全地點的時

● 奧馬哈海灘上一群美國士兵正攜帶裝備通過一處淺灘，這支部隊屬於16團L連，其目標為F-1據點。無法確定照片的具體拍攝時間，很可能是戰役結束之後拍攝的，因為依照奧馬哈灘頭的實際情況，他們可能沒有機會這麼安然地列隊涉水上岸。

候，1顆子彈擊中了他的頭，他的眼睛直直地看著我，好像在問為什麼。轟的一聲巨響，爆破筒爆炸了，我立即起身第一個跨過鐵絲網，士兵們緊跟在我身後。此刻又一道更高的鐵絲網橫在我們前面，我不知道那時我怎麼會有那麼高的速度和彈跳力，我居然一個側跨就越了過去，然後一陣狂奔，10秒鐘後我躲進了那個乾池塘，我清點了一下跟上來的士兵，只少了2個人。」

作為第一個跨過德軍防線的盟軍士兵，哈里·雷諾德中士率領部下為後續部隊解決代號為E-1的據點做出了貢獻。在16團突破防線後，天氣有些許好轉，盟軍巡洋艦上的大口徑火砲開始朝海灘上的德軍工事射擊，同時英

●上圖當美軍工兵們用血肉之軀在奧馬哈灘頭炸開一道道鐵絲網時，後續部隊還在水中持續掙扎，在先頭部隊付出了巨大代價後，美軍終於打開了突破口。下圖強大的盟軍轟炸機群正在返航，遭到轟炸的德軍霍克角陣地濃煙滾滾。

國皇家空軍的噴火戰鬥機也加入空襲行列，德軍工事接連被摧毀。盟軍在付出傷亡2500餘人的代價後終於在奧馬哈海灘登陸成功。

## 霍克角

霍克角是一個鈍三角形海角，位於奧馬哈海灘西側，懸崖高35公尺，崖下沒有任何遮擋物，德軍在上面配置的6門法制155mm榴彈砲能夠覆蓋整個猶他和奧馬哈登陸地段。德軍也知道這個火力點肯定會引起盟軍的注意，所以在火砲陣地週圍部署了大量地雷和鐵絲網，陣地西側則部署了1門反戰車砲和2挺高射機槍，此處共有兵力210人（其中步兵125人、砲手85人），隸屬德軍709師。對盟軍來說，如果不端掉這個火力點，將會給登陸部隊造成極大的傷亡。

攻打霍克角的行動交給由詹姆斯·E·拉德中校指揮的美軍游騎兵

部隊負責，美軍派出了2營和5營。行動方案如下：拉德中校率領2營D、E、F連從正面登陸發起攻擊，5營由馬斯克・F・施耐德中校率領在維爾維勒待命，只要拉德中校那邊得手，他們就立即沖過去支援。2個營會合後將向內陸挺進，切斷連接格蘭德坎普和維爾維勒的公路，然後在維爾維勒和後續部隊會師。

出發後，拉德中校率領的3個連在航渡中搞錯了方向，直到離海灘只剩5～6公里時才發覺，幸虧登陸艇艇長及時修正航向才沒有發生致命錯誤。由於艦隊火砲在遊騎兵部隊出發後不久就停止射擊，所以駐守在懸崖上的德軍部隊可以從容反擊，參加過此次行動的美軍士兵托尼・卡特寫道：「當我們的登陸艇接近霍克角的海灘時，艇身受到了德軍機槍的掃射，從縫隙中望去我們可以看到懸崖上的德軍在活動，奇怪的是，我們從始至終沒有發現德軍的重砲開火。此時雖然盟軍大艦隊的砲擊已經結束，但拉德中校打破無線電靜默後幸運地聯繫上了附近的英國皇家海軍『塔邦』號驅逐艦，請求它為我們提供火力壓制。「塔邦」號立即靠近海灘向懸崖開砲，該艦的4英寸主砲持續轟擊了15分鐘，與此同時，在霍克角海域的美國海軍『薩特利』號驅逐艦也在用主砲和機槍對德軍陣地開火。」

7：10，第一艘登陸艇抵達霍克角海灘，拉德中校立即通知施耐德中校他們已經登陸。幾分鐘後，9艘登陸艇全部靠岸，部隊上岸後立即按計劃發起攻擊，但此時他們卻遇到了困難。首先是剛才的砲擊造成了懸崖和海灘之間30碼的

●盟軍偵察機在登陸前拍攝的霍克角砲兵陣地的照片，從圖中可以看出，臨近海灘的德軍砲兵陣地上彈坑累累，這都是盟軍轟炸機的傑作。雖然編者並無意貶損盟軍士兵的戰鬥力，但是僅僅依靠登陸作戰本身，而不具備如此強大的海空優勢，那麼也許希特勒的「金湯」還真是一道不可逾越的銅牆鐵壁。

●法制155mm口徑的418（f）砲，很可能德國人佈置在霍克角的就是這種砲，它能對盟軍的登陸艦隊構成極大的威脅，圖中可見該砲周圍鋪設了大量的偽裝網。

空地上彈坑累累，上岸的多用途水路兩栖車無法通行，這樣就無法安全地靠近懸崖底端。而懸崖上的德軍不停地朝他們掃射，一些膽子大的德軍士兵甚至冒險探出頭朝他們扔手雷，同時，側翼的德軍火力點也開始向他們射擊。此時拉德中校發現懸崖下面有一些剛才的砲擊中轟下來的石塊，於是他立即通過電臺讓「薩特利」號驅逐艦繼續砲轟懸崖頂部，趁著德軍躲避砲火的時候率部沖到了懸崖底部由石塊堆積成的臨時掩體一側。游騎兵們利用火箭將攀登繩索射向懸崖，隨即開始攀岩。

　　泰德爾·E·拉普拉斯中尉率領的E連一部準備發射火箭時發現了一個很嚴重的問題，攀登繩由於長時間在海水中浸泡，重量已經翻了幾倍，鉤爪根本飛不到足夠的高度。哈利·W·羅伯特中士首先沿著坡度達80度的懸崖爬了上去，當他上升了將近7、8公尺後由於鉤爪沒抓牢而掉了下來，好在沙灘比較軟，他並沒有受傷。第二枚火箭打到了比較高的地方，他又爬了上去，40秒後順利登頂。就在他將一根鐵椿打入土中以系牢繩索讓下面的隊員上來之時，繩子從他手中滑落，他無奈地朝下看了看，意外發現離地面大約6公尺高的地方有一塊突出的岩石可以站人。他將隨身攜帶的繩索綁在鐵椿上滑向岩石，讓懸崖

底部的隊員將繩子扔了上來。最
後，包括拉普拉斯中尉在內共上來5
人，這6人立即向北尋找德軍的砲兵
陣地，由於驅逐艦的火砲壓制了德
軍的火力，他們幾乎沒有受到任何
威脅。就在後續隊員準備攀登時，
德軍埋設在懸崖頂部的砲彈突然炸
響，掉落的石塊砸傷了部分隊員，
在經過臨時處理後，全體隊員順利
登上懸崖頂端。

　　拉德中校和部下上岸後直到火
箭用完也沒能將鉤爪發射到懸崖頂
端，最後幾名膽大的遊騎兵決定徒
手攀崖，並取得了成功。5分鐘後，
拉德中校讓通信兵發出了「感謝
主」的暗語，代表他們已經登上了
懸崖頂部，然後關閉了無線電。儘
管戰前攻擊部隊已經反覆熟悉了根
據航拍照片製作的砲臺沙盤模型，
然而由於驅逐艦的火力掩護過猛，
將該地區炸得千瘡百孔，所有原先
選定的地標早就不知去向，加上各
艇的遊騎兵在戰鬥中已經無法集
結，拉德中校便索性放手讓隊員自
己尋找目標。

　　拉普拉斯中尉和手下最先登上
懸崖，在搜索過程中發現了德軍砲
兵陣地，與此同時德軍機槍手也發
現了衝在最前面的羅伯特中士和士
兵德波，並搶先開火。德波當即中
彈身亡，身手不凡的羅伯特中士躲

●（上）運送美國遊騎兵前往霍克角的「列勃奧爾德」
號快速運輸艦。（下）當時拍攝的一些登陸場的照片，
顯示出當時灘頭的大致情景。

●最後一艘登陸艇上的美國遊騎兵由於沒有能夠將鉤抓拋射到足夠高的位置，只能通過徒手攀登，圖為他們攀登的懸崖。

在石頭後面連續丟出了4枚手雷，其中有3枚扔進了掩體內部，幾聲爆炸後機槍當即啞火。拉普拉斯中尉率領的眾人趕到後朝著掩體打了2發巴祖卡火箭彈，其中第二發直接鑽進掩體內部爆炸，趁著爆炸產生的煙幕和德軍火力中斷的空檔，拉普拉斯中尉立即帶人逼近了4號砲位。

在4號砲位的另一側，以勒根斯中尉為首的游騎兵發現1名德軍士兵正在掩體外利用地形朝懸崖下方扔手雷，他們決定先放過這名德軍，然後跟在他後面找到掩體的入口。勒根斯中尉率部在戰壕中匍匐前進了一段距離，然後以低姿前進的方式緊跟著那個德國人，當德軍士兵進入掩體後，他們立即朝入口處扔了一堆手雷。透過被炸開一個口子的入口，他們甚至可以聽到德軍電臺工作的聲音，勒根斯中尉和部下朝著入口處射擊，但為了減小傷亡，他們決定讓工兵來爆破而不是強攻。當美軍最終衝進掩體後，他們驚訝地發現工事內並沒有所謂的155mm榴彈砲，這些火砲只不過是用電線杆做成的假砲罷了。這是怎麼回事呢？原來在幾天前，德軍剛好把大砲轉移到了後方，打算在帶偽裝的永備防禦工事修完後再把火砲拉回原處。拉德中校決定兵分兩路，一路留守陣地，另一路則前去搜索火砲。當遊騎兵在一處果園裏發現了這些

火砲後，拉普拉斯中尉立即組織人將這些火砲徹底摧毀。

　　正當這些美軍準備撤離時，德軍352師914團1營向他們發起了反撲，面對數量和火力都佔優勢的德軍，拉德中校組織部下退守到懸崖上方只有200碼寬的空地上，同時呼叫尚在不遠處的2艘盟軍驅逐艦進行火力支援。艦砲火力將衝在前面的德軍炸得不知所措，德軍見久攻不下就放棄了進攻。此次行動中，225名美軍遊騎兵在霍克角登陸，傷亡135名，任務圓滿完成。令人慶倖的是，德軍的155mm榴彈砲並未在戰鬥中投入使用，否則美軍的傷亡肯定不止這些。由此可以看出，大西洋壁壘如果真正按照計劃建造完成，並且按照隆美爾的意見進行調整，整條防線也許真的可以用固若金湯來形容，盟軍在此登陸的難度將提升幾個數量級。而在此之前，這條防線只不過是個漏勺罷了。

## 梅維爾砲臺

　　除了霍克角砲臺外，在諾曼第還有其他幾處大型砲臺能夠威脅到盟軍的登陸場，其中以梅維爾砲臺最為典型。該砲臺裝備有4門155mm火砲，可以威脅到朱

●（上）現今的霍克角砲臺遺址，現在這裏已經成了法國大西洋沿岸的旅遊勝地。（下）霍克角被佔領後，美軍在陣地邊上擺放了一面美國國旗，表示此地已經被盟軍佔領，以防止友軍砲火的誤傷，此時美軍正在押解德國戰俘撤出戰場。

諾、金灘和劍灘三個登陸場，尤其對劍灘威脅最大。不過這個砲臺深入內陸，週邊防線密集，地面進攻困難較大，加上德軍早就驅逐了週邊的法國村民，將臨近的格內維爾等村改為兵營，因此強攻成功的機會不大。於是盟軍決定在登陸前數日由英國皇家空軍轟炸機部隊將其摧毀，但航拍照片顯示轟炸效果不理想，工事依然完好無損。為了減小登陸部隊的傷亡，盟軍決定派遣以特倫斯·奧特威中校為首的英軍第9傘兵營對該陣地進行突擊。

根據情報顯示，梅維爾砲臺深埋於地下，頂部混凝土厚度達4公尺，內部有I型大樑和強化鋼板，側面的混凝土厚2公尺，週圍又有4公尺厚的土牆掩護。入口處不僅有厚重的鐵門，而且都有機槍和20mm機關砲封鎖，整個陣地週圍還有100公尺寬的雷場和5公尺寬的鐵絲網防護，砲臺對海灘方向的防禦甚至得到了反戰車砲掩體的掩護。德軍防護嚴密程度超出英軍的想像，必須有週密的計劃才能獲勝。

經過研究後，奧特威中校制定的作戰計劃如下：將第9傘兵營分成

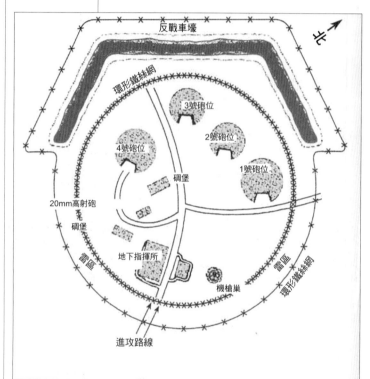

●（上）梅維爾砲臺防禦部署示意圖。（下）英國傘兵在5日深夜登機準備前去端掉梅維爾砲臺。

三部分，先頭部隊在梅維爾附近的村莊空降，為盟軍轟炸機部隊指示目標，並為後續的滑翔機提供野外著陸場。半小時後，該營大部和數十名工兵進行空降，負責炸開德軍的工事。隨後皇家空軍的100架蘭開斯特轟炸機將對砲臺實施密集轟炸，在轟炸的掩護下，5架滑翔機將攜帶反戰車火砲、吉普車、爆破器材等裝備在著陸場機降，同時還有3架滑翔機在德軍陣地內部降落，與先期空降的部隊會合，最終裏應外合一舉端掉這個砲臺。奧特威中校計劃2：00開始空降先頭部隊，而大規模轟炸則定在3：00。

● （上）被俘虜的部分德軍，對他們來講，二戰已經結束。在諾曼第的抵抗還算激烈，但是之後，隨著西線戰況的急轉直下，抱著這種心態的德國士兵也越來越多。戰俘營有吃有喝還不挨炸，總比為希特勒賣命要強。（下）主體建築尚未被摧毀的梅維爾砲臺，已經成為博物館。大西洋壁壘的建築對此地的風景損害甚大。不過戰後，這些廢棄的堡壘本身倒成了不少遊客的目標。

人算不如天算，5日半夜天空就刮起了大風，午夜過後仍沒有任何減弱的趨勢。計劃是無法改變的，奧特威中校命令運輸機群按時起飛，由於風速過大，運輸機牽引的滑翔機在空降時發生意外，原定降落在德軍陣地內的滑翔機都偏離了目標，1架由於牽引鉤損壞過早脫離，第二架被風刮到了一處果園內，第三架則直接降落在臨近的村莊中。而該營主力空降時同樣受到大風的影響而發生偏離，最後全營550名官兵中只有150人抵達預定地點，其他人都不知去向。更加嚴重的是，載有6磅砲、吉普車、掃雷工具和爆破器材的5架滑翔機全不見了蹤影，傘兵手中唯一還算像樣點的重武器就是1挺維克斯機槍。惡劣的天氣甚至讓執行轟炸任務的轟炸機群也出了錯，先期空降的部分傘兵遭到了蘭開斯特的轟炸，死傷慘重。奧特威中校面對150名手下做出了決策，雖然情況比想像中要困難得多，但必須堅決完成任務，他們將利用手中僅有的1挺機槍和一些爆破筒，向德軍陣地發起進攻。

由於戰前有充足的準備和訓練，150餘名空降兵依舊成功地穿透了德軍的週邊防線，並利用爆破筒在德軍的雷場和鐵絲網中炸出一條通道。就在他們快逼近砲臺時，掩體外側的機槍

●●（下）被英國軍隊佔領的一處德軍戰壕，戰壕內現在堆滿了英軍的物資，不遠處，1輛海灘裝甲搶修車輛正在沿著戰壕緩緩前進。（上）被盟軍士兵戲稱為「謝爾曼螃蟹」的掃雷戰車在登陸時發揮了巨大作用，堪稱開路先鋒，當天共有50輛「謝爾曼螃蟹」上岸，戰鬥中損毀了12輛，但剩餘的戰車開闢了7條通道，大大加快了英軍的推進速度。

火力點開始朝他們掃射，部分士兵應聲倒下。奧特威中校立即命令維克斯機槍開火，一些反應敏捷的士兵順勢朝這些機槍掩體扔出一排手雷，3個火力點立刻被打啞。此時，前來援救的德軍在路上遇到了部分自行集結起來的英軍傘兵，黑暗中雙方混戰成一團，在槍聲指引下許多失散的英軍傘兵紛紛趕到戰場加入了阻援的戰鬥，他們為攻擊砲臺的部隊爭取了足夠的時間。那架降落在果園中的滑翔機上搭載的傘兵直接加入了攻擊砲臺的部隊，他們攜帶的爆破器材在關鍵時刻發揮了

●安裝了浮帳設備的兩棲型謝爾曼戰車，被稱為謝爾曼DD型。這種簡陋的兩棲戰車在諾曼第發揮了重要作用。

作用。奧特威中校率部前赴後繼，終於炸開了入口沖入砲臺內部，與德軍展開了肉搏戰。一番廝殺之後，英軍傷亡了50%，而德軍也只剩下了20名砲兵。在盟軍登陸開始前45分鐘，德軍砲兵終於投降了。經過清點，奧特威中校發現只有70餘人還有戰鬥力，於是他們稍作休整後直奔第二個目標——位於裏普附近的高地。

梅維爾砲臺這邊，天亮後德軍最終突破了英軍傘兵的阻擊，重新奪回了梅維爾砲臺，但由於大砲都被破壞，發揮不了什麼作用了。值得一提的是，英軍發現砲臺裏的根本不是法制155mm榴彈砲，而是捷克製造的105mm火砲，不過該砲雖然口徑小些，但其射速高，射程同

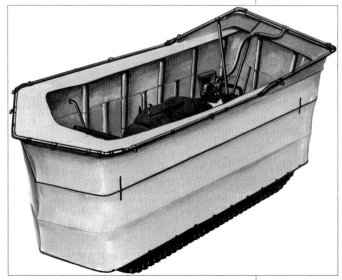

● 為了欺騙盟軍的空中偵察機，德軍在大西洋壁壘上也大量採用了假火砲來充數，不過一旦盟軍真的來襲，這些假玩意便派不上用場了。

樣可以覆蓋盟軍的登陸場，所以英軍第9傘兵營的英勇行動對減小盟軍登陸部隊的傷亡有著巨大貢獻。

### 金灘

金灘在拉里維埃到阿羅門奇之間，長5.2公里，地勢平坦，德軍在此設置的障礙物多達2500個，幾乎達到每0.5公尺就有一個的密度。此外德軍在此構築了很多堅固工事，部署的火力可以縱向覆蓋整個海灘，但是這些支撐點的分佈很不合理均衡，大部分集中在拉裏維埃、勒阿米爾、阿羅門奇三處，其他地方很少。

在金灘登陸的第一梯隊是英國第50步兵師，他們得到了英軍第79特種裝甲師的1個旅支援，第二梯隊是英軍第7裝甲師。

作為英軍第7龍騎兵團B中隊謝爾曼水陸戰車的機電員，阿爾伯特·詹森中士參加了在金灘的登陸作戰，他在戰後回憶道：「我們從1943年4月就開始訓練，作戰計劃中我們的目標是拉里維埃的海灘，它位於阿羅門奇以東3.6公里處。登陸前，我們已經在搖晃不定的船上待了將近24小時，大部分人員都發生了暈船現象。6月6日4：55，編隊到達換乘區。由於金灘的礁石在低潮時露出水面，編隊無法通過，所以登陸時間必須是在漲潮後，也就是7：25左右。為了給我們鼓氣並且減少登陸士兵的傷亡，艦隊對德軍陣地進行了長達100分鐘的砲轟，持續而猛烈的砲擊收到了很大效果，德軍幾個主要的支撐點都被摧毀，艦砲的轟鳴也讓大家的士氣猛漲。由於風浪太大，為了避免尚不可靠的水陸戰車發生沉沒的現象，登陸指揮員臨時決定水陸戰車不下水，由戰車登陸艇直接送上灘頭。不過我們覺得目標相對較大的登陸艇在航渡時很容易遭到德軍砲火的襲擊，所以我們寧可早點離開登陸艇。

登陸艇靠近海灘後我們的戰車就衝了下去，上岸後我們首先要將戰車的浮渡浮帳去掉，但由於操作不當，有些戰車的浮帳居然開始充氣，

結果駕駛員根本無法看清路面。此時已經過了7：30，指揮員發來命令要求機電員立即鑽出戰車去除浮帳。就在我拆除浮帳時，德軍的迫擊砲彈在戰車的另一側爆炸，我被氣浪掀翻在地，好在沒受傷。彈片打漏了浮帳，卻方便了我將它快速拆除。

隨後，我們跟在友軍的1輛謝爾曼掃雷戰車的後面朝德軍陣地進發，掃雷戰車的大鏈子迅速清除了德軍設置的大量障礙物，一路上幾乎沒有什麼困難。由於『貝爾法斯特』號巡洋艦對周圍的德軍砲兵陣地進行了長時間的轟擊，徹底壓制住了德軍火力，否則德軍的砲兵可以對阿羅門奇以東所有海灘和近海地區進行毀滅性的打擊。」

這裏有必要對被盟軍士兵戲稱為「謝爾曼螃蟹」的掃雷戰車進行一番描述，第一波登陸部隊共上來3輛該型戰車，它們首當其衝，在己方火力掩護下帶領其他戰車和步兵向德軍的陣地縱深挺進。德軍的地雷埋設得相當密，不停的有地雷被掃爆，在編隊靠近德軍掩體時，打頭的1輛掃雷戰車掃爆了1枚比較大的反戰車地雷，戰車的掃雷具被炸壞，40%的履帶被炸飛，無線電天線也被炸毀。剩餘的2輛繼續推進，很快又有1輛陷入了沼澤動彈不得，而第三輛則一路開到勒阿米爾村，為步兵前進掃清了障礙。在英軍登陸的灘頭，當天共有50輛「謝爾曼螃蟹」上岸，戰鬥中損毀了12輛，但剩餘的戰車開闢了7條通道，大大加快了英軍的推進速度。

至D日深夜，英國和加拿大軍隊共佔領了一塊30公里長、縱深5～10公里的狹長地區，美軍佔領的地區相對較小。該日盟軍上陸人員13萬人，車輛1.1萬輛，物資1.2萬噸，此外在內陸地區還投下了23000餘名傘兵，當日盟軍傷亡共計10300人，初步實現了預期目標。德軍方面，6月6日當天海灘守軍的傷亡估計在4000～9000人左右，登陸初期又以352師與716師損失

●1輛被反戰車砲或者地雷擊毀的「謝爾曼螃蟹」正在海灘上冒出滾滾濃煙。

●（上、下）德軍士兵、法國勞工和托特組織成員現在都成了盟軍的俘虜，這些人應該慶倖自己在這場戰爭中活下來的幾率大大增加了。

最嚴重，因為他們的陣地正好面對盟軍登陸的4個海灘。此時，駐守在海岸線附近的B集團軍群主力還在守望，他們在焦急地等待裝甲部隊的到來，但德軍最高統帥部此時還認為盟軍在諾曼第的行動只是一次佯攻，更大規模的登陸肯定是在加來，所以拒絕了立即出動裝甲部隊的要求。當他們真正意識到事態的嚴重性後，面對佔據絕對優勢的盟軍空中打擊，德軍的裝甲部隊幾乎寸步難行，加上裝甲兵力部署分散，以至於德軍想集中裝甲兵實施大規模機動作戰已經變為不可能，防禦勝利的可能性也逐漸降到最低點。隆美爾的預言不幸全部成了現實。

### 諾曼第工事評價

　　毫無疑問，諾曼第沿岸的工事在保護德國守軍方面發揮了重要的

作用，但存在種種不足之處。

第一，由於限制了火砲和機槍工事的射界，這使得武器的射擊死角增大，在一些海灘佈置的大口徑火砲只能縱向射擊，無法實現火力的調整，影響了其作戰能力的發揮。而且在佔據了海空優勢的盟軍面前，這些工事成為盟軍重點打擊的靶子，一些大口徑火砲在盟軍的猛

●擠滿了各種登陸艦艇的灘頭顯得一片混亂，經過血戰5個灘頭陣地全數落入了盟軍手中，而蓄勢待發準備將盟軍登陸部隊「趕下海去」的德國裝甲兵們卻發現，隆美爾當初被他們「狂噴」的預言正在成為現實……

烈轟擊下沒有發揮任何作用就全部啞火。靠近海灘的步兵工事雖然在登陸初期對盟軍步兵產生了致命威脅，造成盟軍一定程度的傷亡，但在盟軍艦砲和戰車的連續打擊下，這些工事全部被炸毀，內部的德國士兵幾乎無一倖免，德軍352師師長後來回憶說，在6日當天，該師傷亡人數超過20%。

第二，德軍在各工事間建起了複雜的電話網絡，但卻很少有備用的無線電臺用於各個據點之間的聯繫。不管電話線是否埋在地下，在盟軍的狂轟濫炸下，諾曼第沿岸德軍的電話網絡很早就全部癱瘓。修復已經沒有可能，而且無線電臺也非常少，德軍最後只能靠通信兵來

● 盟軍艦隊晝夜不息的猛烈砲擊。把工事修得固若金湯的動機是好的，行動也是切實有效的，然而必須搞明白的是，這道「金湯」要面對的不是榴彈砲也不是野砲，甚至不是攻城臼砲，而是艦砲。驅逐艦的4英寸和5英寸砲、巡洋艦的6英寸與8英寸砲，甚至是主力艦和淺水重砲艦的15與16英寸砲。當一個堡壘面對的是一枚15英寸口徑、900公斤重量、以兩倍音速飛來的砲彈的時候，這座工事的外牆是2公尺還是3公尺厚的水泥，還有什麼意義呢？

回奔跑這種最原始的方式傳遞情報。

第三，由於交通線被盟軍徹底摧毀，所以德軍的機動成了最大的問題，德軍步兵師中配備的履帶式車輛早就成為盟軍轟炸機和戰鬥機的目標而損失殆盡，剩下的卡車大部分也早就無法動彈，只有掩體中尚未修復完全的法國製造的破舊卡車可以勉強上路，結果大部分部隊調動甚至只能靠騎自行車、步行或者騾馬。

●盟軍後續部隊登陸的速度猶如湧向海岸的潮水……在佔據絕對優勢的海空力量的壓力之下，大西洋壁壘，崩潰了。

第四，缺少足夠數量的重型武器，德軍部署在海岸線上的砲臺很早就被盟軍的轟炸和砲擊敲掉，而後援部隊由於交通網被摧毀，重型武器無法及時跟上，那些砲臺最後也就成了擺設。更加致命的是，德軍在工事內並沒有配備足夠數量的彈藥和備用槍管，一線守軍為了節省彈藥只能採用點射的方式，這種火力密度根本無法壓制有砲火優勢的盟軍登陸部隊。

對盟軍而言，登陸作戰成功的關鍵在於先要鞏固一個具有足夠縱深的灘頭陣地，使部隊和作戰物資能不受敵方砲火干擾而源源不斷地輸入，一旦這個目的實現，德軍就很難再將盟軍趕回大海了。德軍想要擊退盟軍的登陸，最好的方式就是在最初幾天，也就是在盟軍尚無法大幅度擴張灘頭陣地時，迅速將兵力集中在受威脅的登陸點上發起反擊，將登陸部隊消滅。在隆美爾看來，在盟軍登陸的頭幾天，德軍在機動兵力的數量上仍可維持一個局部的優勢。不過龍德斯泰特和施維彭堡對於盟軍的空中優勢並無深刻體會，無法理解在這樣的空中打擊之下，對德軍戰術運用方面會產生如何嚴重的影響。登陸後的數日，在海空優勢火力的支援下，盟軍已經成功突破了希特勒所謂的大西洋壁壘，並向內陸開始擴張。當德軍的反攻失敗之後，龍德斯泰特和隆美爾認為德軍已經無法阻止盟軍在灘頭陣地繼續增加兵力，因此要想試圖堅守任何戰線都是希望渺茫的。隆美爾在6月12日向最高統帥部遞交的報告中寫道：「敵人的增援部隊在強大的空軍掩護下，登陸速度遠超過我們的預備隊前去支援的速度，我們的海空軍根本無法和盟軍對抗。敵人的空軍掌握深入內陸100公里的制空權，不僅讓我方部隊白天根本無法自由行動，而且也切斷了所有的主要交通線，讓一切機動成為幻想。」

## 第十四章 最硬的骨頭

　　諾曼第登陸的成功，加速了納粹德國的滅亡，但並不能馬上結束戰爭；儘管盟軍已經突破了希特勒的大西洋壁壘，但法國、比利時、荷蘭、丹麥、包括德國的海岸線上還有無數的要塞和港口等著盟軍去解放，除去所有這些要害地區的工事密集程度不談，單從希特勒親自任命的那些要塞指揮官來看，幾乎都是戰爭狂和希特勒的忠實追隨者，這些人不會輕易下令投降，等待盟軍的，將是一條以鮮血和生命鋪就的艱難道路。

　　由於德軍據點眾多，本文將舉例介紹盟軍攻克的3種不同類型的據點——瑟堡、敦克爾克、斯凱爾特河口。

### 瑟堡

　　瑟堡的德軍守備司令是49歲的卡爾－威廉‧馮‧施裏本中將，獲得過騎士勳章和金質德意志十字勳章，瑟堡守軍為第709守備師大部以及2個海岸砲兵團（下屬7個砲兵營）、3個高砲營（803、804和805營）。此外，當盟軍登陸後，週邊地區的一些部隊紛紛退入瑟堡，由施里本中將統一指揮，而諾曼第地區的德國海軍司令沃特‧漢克少將的司令部也設在瑟堡。

　　科唐坦半島的形狀像個牛頭，瑟堡就正好位於牛額的凹部，其西部的拉阿格角和東部的巴夫勒爾角則是牛頭上的兩隻角。瑟堡週邊6～10公里的混凝土工事組成的半圓形防禦地帶是該城的第一道防線，

●正在沙灘上等待後送的盟軍官兵的遺體，牧師正在為他們做祈禱，而相關人員則在登記每個人的資訊，這就是粉碎大西洋壁壘的代價。

● 瑟堡位於科唐坦半島北部，是布列塔尼省重要的港口，也是德國海軍在大西洋沿岸的重要港口。盟軍進攻該港的意義在於，奪取一個可以給百萬大軍直接提供補給的港埠。

港口週邊的制高點能控制所有通向瑟堡的道路。德軍利用河流和水渠作為反戰車障礙，並在瑟堡的東西兩側修築了20個砲臺，其中15個裝備有150mm火砲和3門280mm砲，此外還有許多75mm和88mm反戰車砲。由於守軍人數不足，施里本將軍乾脆把文員、炊事員、通訊兵和水手等非戰鬥人員也都編入作戰部隊。

作為德國海軍的重要基地，常駐瑟堡的是德國海軍第5和第9魚雷艇大隊，駐防於布洛涅或奧斯坦德的德軍艦艇在穿越海峽時也經常到瑟堡補充給養。第5和第9魚雷艇大隊在1944年4月28日的行動中攻擊了盟軍在諾曼第登陸前的最後一次大規模演習的編隊【註釋12】，趁著風高夜黑，德軍魚雷艇擊沉2艘大型戰車登陸艦，重創1艘戰車登陸艦，美軍士兵陣亡達749人，因此美國人無論如何也要報這一箭之仇。

6月19日英吉利海峽的大風暴，迫使盟軍的卸載中止了整整5天，2萬輛車和10萬噸物資無法按計劃上岸。風暴造成的物質損失大大超過了13天作戰中的損失，使得盟軍的後勤補給出現了嚴重困難。奪取瑟堡港勢在必行，如果再拖延下去，一旦德軍集中兵力進行反撲，盟軍極有可

【註釋12】

1944年4月28日，盟軍決定在英國東南部的斯拉普頓‧桑茲海灘舉行諾曼第登陸前的最後一次實戰演習，參演部隊主力為美軍第4步兵師。當盟軍艦艇編隊駛離普茨茅斯港，以每小時5海裏的低速由西向東沿著英吉利海峽前往演習地點時，從瑟堡出擊的9艘德軍魚雷艇突然出現在編隊附近。發現目標後，德軍魚雷艇紛紛發射了魚雷，507號登陸艦和531號登陸艦先後中雷沉沒，289號登陸艦受到重創。戰鬥持續了不到半小時，當護航的英軍驅逐艦趕到出事海域時，德國人已經溜之大吉。此次襲擊造成盟軍損失了3艘戰車登陸艦，共有749人喪生，89人受重傷，釀成了美軍有史以來演習死亡人數最多的悲劇。

●構築在奧馬哈灘頭上的盟軍人造港埠，由一系列混凝土預製件以及許多由老舊軍艦與混凝土沉箱充當的防波堤構成，專門被設計用來給盟軍由諾曼第上岸的百萬大軍提供補給。如何為上岸部隊提供足夠的補給這點關系到所有已經登陸法國的盟軍部隊的生死存亡，是諾曼第戰役勝與敗的幾個關鍵點。

（上）大型預製件——混凝土沉箱——構成人工港碼頭防波堤的一部分。

（下）運送中的碼頭元件，由鋼鐵與混凝土澆築，本質上就是一個超大型的浮動碼頭。原先它們只是作為港口設施的補充，而現在要和一系列其他構件一起，憑空在海灘上「變」出一座良港來。

●（上）運作中的人工港，其規模足以為已經上岸的十數萬部隊提供足夠的後勤供給。第二次世界大戰是人類歷史上第一場真正意義上的後勤戰爭，空前規模的海空軍與機械化部隊使後勤的重要性前所未有的體現出來。這充分體現出了現代軍隊作戰的基本訓條：勇氣和意志會時刻體現，但是補給不會！（下）規模宏大的人工港近景，沒想到一場突如其來的颱風將其徹底摧毀，看來大自然的威力要遠甚於人類的槍砲。

能前功盡棄。

負責強攻瑟堡的是素有「閃電喬」之稱的美軍第7軍軍長柯林斯將軍，第7軍兵分三路，在東西兩側發起佯攻的是第4師和第9師，他們的任務是牽制住德軍在瑟堡兩翼的兵力，第79師則乘勢向瑟堡的德軍防線進行中央突破。6月18日，美軍佔領了半島西岸的巴內維爾。19日，第4師在沒有做砲火準備的情況下突然向蒙特堡發起猛攻，但為德軍的拼死

抵抗所阻，激戰一天毫無收穫。當日深夜，第4師第8團在第12團的支援下，向德軍發起了夜襲，缺乏補給的德軍在美軍的猛攻下傷亡過重不得不放棄蒙特堡。至20日晚，德軍的週邊防線全部收縮至瑟堡週邊8公里處。21日淩晨，79師在瓦羅尼斯西北角發現了一個V－1飛彈發射陣地，這是德軍在科唐坦半島上的幾個發射陣地之一，美軍仔細搜索了一番後派工兵炸毀了事。戰至22日清晨，第9師輕鬆攻佔布利克貝克，至此美軍的3個師順利實現了對瑟堡的包圍，攻城戰正式開始。

　　柯林斯的參謀部經過商榷後決定總攻瑟堡的時間定在22日14：00，為了盡可能瓦解德軍的防禦力量，盟軍出動了4個颱風戰鬥轟炸機中隊和6個野馬戰鬥機中隊對德軍的野戰工事進行了反復的低空攻擊。轟炸和掃射持續了60分鐘，共計投彈1100噸，隨後盟軍的艦隊又開始了砲火轟擊。為配合第7軍拿下瑟堡，盟軍派出了實力強大的海軍艦隊，這支編號為TF.129的艦隊包括美國海軍的3艘主力艦、2艘重巡洋艦以及英國皇家海軍的2艘輕巡洋艦，擔任護航的是11艘驅逐艦。受風暴影

●（上）美國陸軍第7軍軍長，綽號「閃電喬」的約瑟夫·勞頓·柯林斯（Joseph Lawton Collins）中將。圖為其晚年的畫像。（下）被稱為「S艇」的德國摩托魚雷快艇，是盟軍登陸艦隊的主要水面威脅，也是1944年初那場演習悲劇的禍魁。

●（上）逼近瑟堡週邊的美軍裝甲部隊。（下）7月25日，因驚濤駭浪而缺席數天的盟軍掩護艦隊終於再次蒞臨戰場，朝著德軍固守的瑟堡傾瀉仿佛「無窮無盡」的砲彈，反正德國人的岸砲對它們構不成威脅。

響，當天的艦砲攻擊只持續了很短時間，盟軍艦隊不得不回港避風。

總攻開始後，美軍的進展非常緩慢，很顯然此前的空襲和艦砲火力轟擊沒取得什麼效果。為了保住瑟堡，23日希特勒親自致電施里本，要「戰鬥到最後一個人，最後一顆子彈為止」。戰鬥持續了2天，由於空軍和艦隊無法提供足夠的火力掩護，美軍最大的進展只是在24日晚逼近到了瑟堡以東5公里處。不過此時德軍的戰力已經受到很大消耗，柯林斯在25日寫給他妻子的信中提到了當時的情況：「昨天是偉大的一天，我們的部隊在入夜前推進至離瑟堡只有5公里的防線並將其團團圍住，我想很快我們就能攻進瑟堡。午飯後按照慣例，我開始到各個師去巡查，我首先到了托比・巴頓的師部，他們帶領我前往已經佔領的一處高地，從這個高地可以看出瑟堡是多麼的具有戰略意義。我們的另外一個師正在逼近瑟堡，遠處不斷有濃豔升起，那說明戰鬥仍在進行。瑟堡的港區有巨大的防波堤保護著港口，透過濃煙我可以看到我們的砲兵正在朝西側的德軍砲兵陣地發射砲彈，他們正在狠狠揍德國佬。此時瑟堡城內猶如一個巨大的煙囪，到處濃煙滾滾，德軍肯定要完蛋了，他們的士兵正在銷毀儲備的燃油和彈藥。……我可以確定，瑟堡是我們的了，我將派托比的1個團在今晚進入瑟堡的東側……」

●（上）巷戰之後的瑟堡街道上一片破敗。守衛瑟堡的德軍非常清楚這個港口對
於這場戰役乃至整個西線的意義，所以他們進行了堅決的抵抗，一度戰鬥發展成
了逐屋爭奪的局面。但是最後的結果，還是以具備壓倒性的人力、火力優勢，並
得到一整個艦隊和24小時的空中支援的盟軍，取得了最後的勝利。從諾曼第上岸
的盟軍部隊的補給終於有了港口保障。（下）宣佈投降的施里本中將和漢克海軍
少將，雖然他們知道繼續抵抗也沒有意義，但是元首的命令，是必須要執行的。

25日，那場大風暴基本過去了，TF.129艦隊再次出動，於上午8：00抵達瑟堡附近海域開始砲擊。為了有效利用艦隊的火力支援，柯林斯致電艦隊司令，要求艦隊只需全力壓制德軍的幾個大型砲兵陣地，其餘的工事由陸軍自己負責，這樣既可以有效集中火力，又能防止誤傷己方部隊。經過數小時的砲擊，德軍的砲臺工事陸續被炸毀，從兩翼攻擊

●喜歡看電影的朋友有很多都知道《瑟堡雨傘》這部講述平淡但浪漫純真的法國愛情片，相必深受片中這座幽靜祥和的海港小城的感染，而在心中浮現出許多美好的情懷。但是，這座城市曾在1944年中毀於戰火，右圖便是當時殘緣斷瓦的淒慘景像，這和電影中描繪的十年後的瑟堡，有一種恍若隔世的感覺⋯⋯

的2個師很快就逼近了瑟堡市郊。

柯林斯隨後命令第9師師長馬頓・艾迪少將率領2個團攻入瑟堡，並且要求砲兵將德軍的88mm火砲全部打啞。25日傍晚，第9師的1個團從海岸線切入德軍防線，切斷德軍最後的撤退路線。6月26日中午，施里本中將和漢克海軍少將宣佈投降，但德軍的港口要塞仍然繼續頑抗，美軍不得不用重砲和飛機繼續攻擊，直到27日早晨守軍才完全停止抵抗。7月1日，美軍第9師包圍了科唐坦半島西北角的拉阿格角，迫使6000名德軍投降，至此科唐坦半島上德軍有組織的抵抗基本肅清。儘管盟軍拿下了瑟堡港，但德國人早就將港口設施破壞殆盡，碼頭、防波堤、起重機等設備已全部被毀，港內也佈設了大量水雷，並用沉船將港灣徹底堵塞。盟軍用了3週時間，共清除133顆水雷，移走了20多艘沉船，修復了大量設備，才恢復了港口的運轉。此後盟軍又用了3個月的時間，使得瑟堡的卸載能力僅次於馬賽，成為美軍在歐洲大陸進行後勤補給的第二大港。

### 圍困敦克爾克

　　1944年9月初，盟軍幾乎佔領了比利時全境，進逼荷蘭，在第21集團軍群後方僅剩下被圍在布洛涅、加來、敦克爾克等港口的德國守軍。此時第21集團軍群主力即將開始「市場—花園」行動，加拿大第1集團軍則被命令殲滅那些被孤立合圍的德軍，同時肅清斯凱爾特河口的德軍要塞。從9月17日開始，加拿大人花了10多天時間先後拿下了布洛涅和加來，現在他們把矛頭指向了敦克爾克。

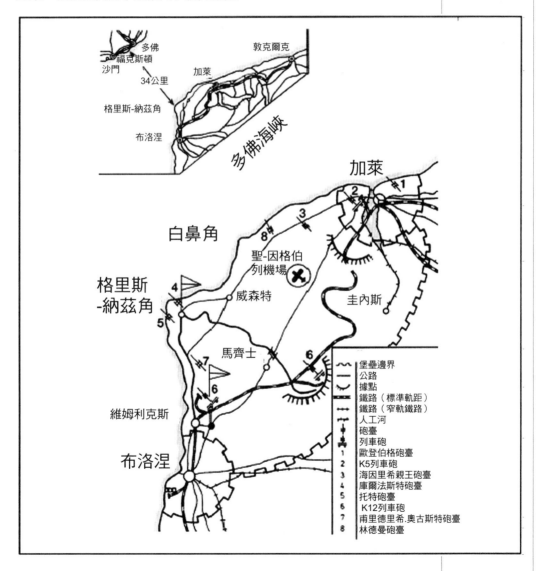

●（上）圍困敦克爾克的捷克獨立裝甲旅的摩托艇巡邏分隊，正在城鎮週邊的沼澤地區巡邏。該旅受命持續圍困敦克爾克，而盟軍主力卻未耗費力量去攻取該港。對於盟軍來說，一個封鎖了的要塞再堅固，也只是遲早的囊中之物，只需要時間便會自然落入囊中。（下）在敦克爾克週邊陣地上戒備的法國士兵——法蘭西解放運動的一些武裝組織也在協助封鎖敦克爾克，他們使用的是繳獲的MG 42輕機槍。

# 1944年8月29日下發的62號指令

這是希特勒發佈的和大西洋壁壘有關的最後一道元首令：

I. 在從丹麥到荷蘭邊界的整個海岸上，以及在迄今尚未構築工事的北弗里西亞群島和東弗里西亞群島上，構築工事。應使已構築了永備工事的島嶼具有充分的防禦能力；

II. 準備好各種措施，以便能在短期內，以丹麥邊界為起點，在離海岸約10公里的後方修築第二道陣地；大體沿德國-丹麥邊界的走向修一道阻擊陣地；在基爾運河以北的石勒蘇益格-荷爾斯泰因地區修築另一道阻擊陣地。此外，由駐丹麥國防軍司令負責在德國-丹麥邊界以北地區勘察和修築若干道東西走向的阻擊陣地；

III. 工事構築工作由漢堡大區指導部部長考夫曼負責領導。為此，他可以使用一切可以使用的手段，也可動用托特組織，後來又改為由石勒蘇益格-荷爾斯泰因州大區指導部部長、東漢諾威大區指導部部長以及威悉-愛姆斯大區指導部部長等人負責。考夫曼則負責向這些人提供必要的物資；

IV. 純軍事任務，由北線海軍總司令根據最高統帥部的指令處理。在他的領導下，第10步兵軍副軍級司令部遂行軍事任務，這些任務包括：

確定陣地的戰術走向；

勘察整個陣地體系（包括確定物資需要量），確定永備工事和野戰工事的位置，計算出足以擔負整個防禦任務所需要的守備兵力；

根據戰術和技術經驗以及所掌握的工具，確定工事構築的方式；

規定各個地段工事構築的先後次序。

V. 第10步兵軍副軍級司令部再組建3個指揮部，這3個指揮部由各兵種的軍官組成。另外第10步兵軍副軍級司令部還需組建構築工事所需要的工程兵指揮部。

VI. 急需構築工事的地方的優先建設次序如下：

北弗里西亞群島和東弗里西亞群島；

與濟耳特島(興登堡水堤)相對面的海岸地段；

艾德施泰特半島；

易北河—威悉河河口的防線；

德爾夫宰爾附近的埃姆斯河河口。

VII. 工事構築按照如下方案進行：首先應設置綿互的防戰車障礙物和建立成縱深梯次配置的陣地體系，該陣地體系將得到附近的永備工事的加強。有關工事構築方面的特別指示，將由國防軍統帥部／工程兵與要塞勤務主任下達；

VIII. 民工的徵募和使用是大區指導部部長的任務；對民工(包括參加陣地構築的托特組織的人員)的管理和補給，也由他負責；

IX. 托特組織在構築陣地方面的使用：根據大區指導部部長和托特組織之間直接達成的協定，托特組織負責提供必要的工程機械和在工程實施過程中進行業務監督。工事構築仍由大區指導部部長考夫曼或由他指定的機構負責。托特組織地段辦事處作為技術服務部門應經常到上述機構去協助工作。

X. 大區指導部部長考夫曼應通過黨辦公廳主任儘快向我報告有關工事構築的組織計劃和徵募勞工的情況，北海海軍總司令部應在每月的1日和15日通過國防軍統帥部／國防軍指揮參謀部向我報告有關工事構築和工程進度方面的情況。

簽名：阿道夫·希特勒

　　在布洛涅、加來和敦克爾克之中，敦克爾克作為德國海軍重要的海軍基地防禦最為嚴密，守軍共計12000餘人，以第18空軍野戰師為主力。以港口為中心，德軍在敦克爾克城外部署了嚴密的防護圈，由於該港週邊地勢比較低窪，所以公路都比較泥濘，輪式車輛推進比較困難。

　　加拿大軍隊在連續攻克了加來和布洛涅後士氣高漲，認為拿下敦克爾克也能像前兩座城市一樣非常順利。但在接連幾次攻擊受挫之後，加拿大第1集團軍司令亨利克里勒將軍覺得事情有些不對勁。此時，法國紅十字會向守城的德軍呼籲，戰爭不要傷及無辜，希望雙方停戰數小時，以便紅十字會能撤出城內的8000平民。德國人同意了這一要求，雙方為此停戰60小時。克里勒將軍利用這個機會和蒙哥馬利商討了對策，蒙哥馬利在仔細斟酌後決定停止進攻，命令第1集團軍轉向對戰爭局勢影響更為重要的斯凱爾特河口，開通安特衛普港，留下阿洛伊斯李什卡少將的捷克斯洛伐克獨立裝甲旅對敦克爾克進行圍困和監視，反正德國人也不可能突圍。英軍第7皇家戰車團當時隸屬於該裝甲旅，團長雷李基中校後

來在回憶錄中記錄了該團在圍困期間的一些戰鬥行動：

「我們從加拿大部隊手中接管了陣地，這是一個小村莊，唯一的掩護只有幾棟民房。除去留在後方的預備隊，一線的兵力實在有限，原先加拿大軍隊1個排的防區我們頂多只能放1個班。白天我們可以看到德軍的活動，可能是由於缺乏彈藥，他們的火砲不怎麼開砲，但到了晚上，他們的活動就異常頻繁。第一夜過得很平靜，但第二天晚上，也許德軍發現了我們在換防後兵力薄弱，居然派兵奪取了我們的一個陣地，只有2人逃了出來，其他人全都死了。接下來的5天中，德國人不斷地在夜幕的掩護下發起攻擊，第六天晚上，一支500人的德軍襲擊了我們的一個重要陣地——通往加來的公路，此處我們只派了23名士兵把守。毫無疑問，陣地丟了。第二天的偵察顯示德軍在那裏的兵力還在增強，形勢一下子緊迫起來，佔領了這條公路就等於打開了缺口，我們將德軍圍困死的目的就無法實現。我必須要在德軍尚未站穩腳跟的時候將陣地奪回來，於是我組織1個連的步兵，在10輛邱吉爾戰車的掩護下發起了攻擊，全團所有的火砲都在為他們提供火力支援。由於有戰車的支援，所以我們很快就解決了戰鬥，擊斃上百名德軍士兵，俘虜了50名。

德軍並未就此甘休，他們開始了一次次反攻。隨著時間的推移，氣溫開始降到了0度以下，此時在泥濘中作戰的士兵白天要忍受德軍的砲火，晚上還要忍受寒氣的侵襲，士氣開始有點低落，此刻我覺得該想想辦法了，否則情況會很不妙。我從地圖上發現在我們的陣地前2000碼處有一條橫向的公路，從我們的陣地出發有兩條小路通往這條公路，如果我們能夠佔領這條公路，那麼不僅能縮小包圍圈，而且可以讓我們的戰車擺成一條橫線對付德軍，這樣就可以減小部隊的傷亡。為了能在夜晚發現來襲的德軍，

●斯凱爾特河河口地區近影，這一段斯凱爾特河被荷蘭人稱為「西斯凱爾特河」。該地一直以來都被用作貨物中轉中心和油站。隨著歷年的泥沙淤積，河口中出現了沙洲。

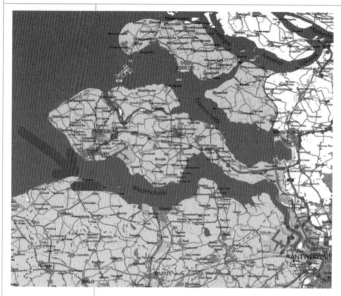

●布列斯根的位置，可以看出此地是扼守西斯凱爾特河河口南闕的要衝。

我要求所有的戰車都裝上探照燈。

我集中了100名士兵和10輛戰車，分成兩隊沿著兩條小路朝那條公路推進。由於地形平整，所以我們的戰車可以充分發揮火力優勢打擊遠距離上的德軍火力點。2個小時後部隊抵達了公路，並繼續向前推進展開火力搜索。此時我才想起應該通知李什卡少將，旅長聞訊後派了一隊步兵過來幫忙看守德軍俘虜。天黑後，前出的部隊返回了公路，而後續的戰車也陸續抵達公路，加強了新防線的防禦力量。德軍一般在白天不敢出來活動，但為了防備其大口徑反戰車砲偷襲，白天我們還是將戰車隱蔽在農舍附近，晚上才將戰車部署在公路上，步兵則輪換休息。當德軍運輸機在天黑後給城內的守軍空投補給時，我們就讓戰車打開探照燈，製造假空投場，忽悠運輸機把補給扔到我們這邊來。過了幾天，德軍好像發現了我們的規律，在風雪很大的一個夜晚，他們用火箭筒向我們的戰車開火射擊，但沒能擊毀戰車。由於天太黑，我們的戰車兵只能憑感覺朝德軍的方向發射了幾枚榴彈，第二天我們在離那輛戰車不遠處發現了2具德軍的屍體。

此後德軍晚上出來活動的次數越來越少，我們的傷亡也幾乎降到了零。出於人道主義，我們在一些德軍比較容易發現的地方留下了部分藥物。德國人現在不進攻了，他們只是在晚上偷偷跑出來在公路上埋地雷，我們的巡邏隊同德國工兵有過交火，最後挖出了德軍埋設的12枚反戰車地雷……」

李基中校不久後被調離敦克爾克，而敦克爾克此後又被圍困了7個月，直至1945年5月10日德國宣佈投降後才被解放，這也許是法國境內最後一處被解放的城市了，盟軍進入該城後發現持續了8個月的轟炸和砲擊使得城內幾乎有3/4的建築被炸毀。

### 清理斯凱爾特河

儘管安特衛普在9月4日就被盟軍佔領，但由於斯凱爾特河口仍然被德軍控制，因此安特衛普還無法作為盟軍的後勤補給港口投入使用。為了解決這個煩人的問題，徹底打通斯凱爾特河，盟軍最高統帥部決定儘快清理掉此處的德軍，蒙哥馬利在他的回憶錄中寫道：「我們必須竭盡全力讓安特衛普儘快投入使用，因此只能讓第21集團軍群的所有行動暫時停止，直到安特衛普投入使用。」（蒙哥馬利就說是這麼說，而沒過幾天——我們都知道的，市場－花園行動開始了）。

想迅速攻佔斯凱爾特河入口看上去卻並不容易，此處是一個沖擊平原，沒有任何地形能夠作為掩護，而且道路泥濘。好在經歷了諾曼第登陸戰的盟軍手上有兩支經過戰火考驗的部隊：第79特種裝甲師和英國皇家海軍支援大隊，他們的武器裝備可以有效地對付德軍的工事。

德軍在斯凱爾特河口的工事主要分佈在如下地區：

a.特爾紐岑和科諾克之間的平原地帶，這個被當地人叫作布列斯根的狹長地區工事密集，德軍在此修建的大型砲臺能夠覆蓋斯凱爾特河的整個入口；

b.南貝弗蘭德半島，這個半島直接插入斯凱爾特河入口，只要一些小口徑火砲就能封鎖入口；

c.瓦爾赫倫島，德軍在此修建了25個重型砲臺。

這些地區的德國守軍有些是作戰經驗豐富的部隊，在東線和蘇聯人幹過仗，在河口南部大陸上駐守的是德軍第64步兵師，瓦爾赫倫島則由

●「邱吉爾鱷魚」式噴火戰車正在逞威。噴火戰車是用來對付封閉火力點的絕佳武器。

●通向布列斯根的「倍力橋」，這種便橋之後被廣泛運用在各處戰場。

德軍第70步兵師負責防守。不過第70步兵師雖然表面上看來戰鬥力還行，但這個師在德軍內部素有「白色麵包師」之稱，因為該師曾投入東線戰場，士兵大部分因為嚴寒和缺乏食物而染上了胃病，其臉色大多如麵包般慘白因而得名。在蒂倫豪特和河口之間駐有德軍第346、711和719步兵師。

蒙哥馬利決定按照如下步驟進行攻擊：

首先派重兵封鎖南貝弗蘭德半島，然後端掉對河口威脅最大的布列斯根。

在拿下布列斯根後，派兩栖部隊進攻南貝弗蘭德半島，吸引駐防德軍的注意力，主攻部隊則沿著南貝弗蘭德半島和大陸接壤的狹長地帶前進，從背後襲擊德軍。

從東、南、西三個方向強攻瓦爾赫倫島，直至佔領該島。

10月1日，針對斯凱爾特河的第一階段行動開始，加拿大第2步兵師橫跨安特衛普—蒂倫豪特的運河後向安特衛普西側的郊區移動，由於有

盟軍的空中火力支援，所以加拿大軍隊幾乎沒有遇到什麼抵抗。4日晚，他們已經佔領摩可西—埃克倫一線，先頭部隊已經抵達離南貝弗蘭德半島只剩一半距離的普特。為了盡快開通安特衛普港，第2師繼續朝目標推進，不過德軍在靠近南貝弗蘭德半島的週邊防線上已經佈設重兵，第2師的推進也越來越艱難，在一處名為克丁的小村莊中，德軍的火力異常猛烈，加拿大軍隊久攻不下。10月16日，第2師才攻下了離該村不遠的溫斯德雷赫特。

此時，加拿大第1集團軍也開始在安特衛普—蒂倫豪特運河一線運動，波蘭裝甲師首先於10月1日穿越梅克斯普拉斯北部的荷蘭邊境，第49師則在聖雷納斯北邊不遠處和德軍交火。至10月5日，第1集團軍的先頭部隊已經抵達離荷蘭北方重鎮蒂爾堡只有4英里遠的地方，德軍雖然組織了多次反擊，但這支先頭部隊猶如釘子般牢牢地釘在德軍防線上。10月中旬，加拿大第4裝甲師和美軍第104步兵師開始配合第1集團軍作戰。10月23日，第1集團軍穿越荷蘭邊境向貝爾根奧普佐姆移動，加拿大第1集團軍最終順利地實現了對南貝弗蘭德半島的合圍。

● （上與下）在布列斯根上岸的加拿大部隊，遠遠可以望見岸上的金屬障礙物。攻擊因循諾曼第的經驗和慣例，由特種戰車打頭，邱吉爾「皇家工程車」將負責掃清灘頭障礙，噴火戰車負責消滅火力點……

與此同時，在南部的布列斯根，加拿大軍隊的行動也正在緊鑼密鼓地準備著。正面攻擊由加拿大第3步兵師擔負，他們將穿過里奧波德運河直撲德軍陣地，同時一支旅級規模的兩棲部隊將在該島西北角登陸。由於德軍修築工事比較密集，為了減小傷亡，加拿大第3步兵師決定動用英軍第141皇家戰車團的邱吉爾鱷魚式噴火戰車。

對布列斯根的總攻於10月6日早晨開始，首

●臨攻擊前等待最後出發命令的盟軍登陸部隊,兩棲戰車已經上船,人員也已就位。

先上岸的是盟軍的噴火戰車,隨後加拿大步兵登上登陸艇開始朝布列斯根進發,右翼德軍的防守比較薄弱,盟軍的進展很順利,但左翼的加拿大步兵遭到了德軍機槍的猛烈掃射,傷亡慘重。在噴火戰車協助下站穩腳跟的右翼部隊剛打算向左翼推進,德軍在迫擊砲和重機槍掩護下的反擊開始了,第3師不得不請求支援。為了往島上派遣大規模的部隊,第1集團軍決定修建「倍力橋」,這是一種由法國工程師唐納德‧倍力發明的能夠快速搭建的橋樑,4天后,橋樑搭建完畢,盟軍開始大批進入布列斯根。

8日凌晨2:00,在布列斯根西北角登陸的盟軍開始行動,德軍萬萬沒有想到會腹背受敵,倉促之間無法集結部隊進行反擊,只能以火力襲擾盟軍登陸場。由於首批登陸部隊規模不大,無法利用德軍驚慌失措的時機快速推進,因此給了德軍一定的時間部署縱深防禦。當第二波部隊上岸後,盟軍開始逐漸向前推進,將橋頭堡擴大到了3~5公里的縱深。

此後的10多天裏,雙方在島上反覆爭奪,隨著英軍第52師的到來,布列斯根上的盟軍兵力進一步加強。盟軍在放棄了一些陣地後重新分配和集結了兵力,再次發起了猛攻。與此同時,盟軍轟炸機加強了對該島德軍工事的轟炸和打擊,經過2個星期的艱苦作戰,布列斯根終於在10月22日被盟軍攻克。

　　第二階段作戰於10月24日開始，主攻的加拿大第2步兵師沿著南貝弗蘭德半島和大陸接壤的狹長地帶慢慢往前推進。由於德軍在沿途的主要公路上埋設了地雷，所以部隊只能在野地中行軍，加上前兩天剛下過雨，到處泥濘不堪，有些地區甚至只能在高過膝蓋的泥水中淌行。25日，部隊終於抵達離貝弗蘭運河只有10公里的里蘭。與此同時，英國第52師在25日深夜乘坐登陸艇和水牛兩栖運兵車開始向南貝弗蘭德半島的巴蘭進發。登陸部隊左翼進展順利，但右翼則遭到了德軍砲火的猛烈打擊，1個中隊的謝爾曼水陸兩棲戰車在登上灘頭後被德軍事先挖好的多道反戰車壕困住，動彈不得。現在能發揮作用的只有步兵，他們在一公尺一公尺地向前推進，儘管每走一步都要付出不小的代價，但盟軍在一步步逼退守軍。至28日凌晨，英軍已經推進至奧德蘭德，同時加拿大軍隊也推進至運河沿岸，不過他們卻發現幾乎所有的橋樑都被德軍炸毀了。29日，盟軍在維勒克附近找到了運河上唯一一處尚存的橋樑，但德軍在此部署有重兵。經過一天的苦戰，加拿大軍隊在當天深夜終於搶在德軍爆破前奪取了橋樑，並且順利通過。此時加拿大第4裝甲師已經攻佔了貝爾根奧普佐姆，形勢對盟軍越來越有利。加拿大人乾脆一鼓作氣，於10月30日抵達了通往瓦爾赫倫島公路的東端，並開始圍攻貝弗蘭德半島北端的德軍殘部。11月1日，卡德紮德和科諾克陸續解放，11月3日，澤布魯克被攻克，至此，斯凱爾德河口南岸全部被盟軍佔領，現在唯一剩下的就是瓦爾赫倫島了。

　　盟軍估計德軍在瓦爾赫倫島上的兵力大約為7000人，並且有為數眾

● 臨投降前夕，德國守軍自沉的船舶。安特衛普的佔領對盟軍和整個西線戰事而言意義重大，這意味著，通向德國本土的後勤基地已經獲得。儘快使用該港將能使盟軍迅速對德國本土展開攻勢。

●怎麼想的和具體能做的往往差得十萬八千里,比如說西線德軍裝甲兵對於海岸防禦的「縱深佈置,機動調遣」的構想,而實際上在盟軍巨大的空中優勢下,執行起來全不是那麼回事。

多的重型砲臺,該島南側和西側有大量的水下障礙物,灘頭佈滿了地雷和鐵絲網,而且到處是反戰車壕,加上氣象條件比較惡劣,島上各處泥濘不堪,乍一看好像該島根本無法突破。參謀人員經過對航拍照片的仔細研究後發現,該島內陸地勢比較低,德軍的部分工事修建在低窪地區,而且德軍防線內側有諸多的堤岸來保護這些地區,所以只要派轟炸機在堤壩上炸幾個口子,德軍滴水不漏的防線就會成為一個良好的「蓄水池」。一旦這些地區被水淹掉後,盟軍的水陸兩棲戰車就可以順利通過佈滿地雷和戰壕的海灘,深入內陸將德軍打個底朝天。方案制定後,皇家空軍的轟炸機立即開始行動,他們沒有採取以往的密集轟炸方式,而是用攻擊魯爾水壩相似的炸彈和方式來攻擊島上的那些堤壩。最終,德軍防線被炸開4個口子,例如維斯特凱佩爾地區的一個口子寬約100公尺,水深已經超過3公尺。至10月底,德軍陣地已經洪水氾濫,通行戰車沒有問題了。

在缺口打開後,進攻瓦爾赫倫島的行動打響了。盟軍計劃先派兩支登陸部隊從水路過去,其中一支從布列斯根出發,目標為瓦爾赫倫島的弗利辛恩,另一支則從奧斯坦德出發,直接從維斯特凱佩爾的那個缺口進入德軍防線內部,同時還有一支部隊將在戰鬥打響後作為預備隊直接從南貝弗蘭德半島出發。

強攻瓦爾赫倫島的第三階段戰鬥在11月1日1:00打響,在弗利辛恩

登陸的英國第4突擊隊傷亡非常小，當他們攻擊德軍設在登陸點的唯一一處工事時，發現此處居然沒有埋設地雷，而當後續的英軍第52師乘坐水牛兩棲運輸車登陸時卻遭到了德軍88mm火砲的猛烈打擊，傷亡較大。此時從維斯特凱佩爾進入德軍陣地的突擊旅進展順利，這個旅乘坐102輛水牛運輸車高速前進，第79裝甲師的數十輛掃雷戰車和工程戰車伴隨其作戰，摧毀了德軍設置在沙灘上的眾多工事。為了徹底掃清島上的德軍陣地，英國皇家海軍特地派遣了25艘砲艇和幾艘驅逐艦助陣，皇家空軍第65聯隊的颶風戰鬥機也攜帶火箭彈為其助威。這些戰鬥機猛烈轟炸了在弗利辛恩壓制英軍第52師的德軍88mm火砲陣地，為登陸部隊解了圍。

11月7日，幾處重要的砲臺皆被盟軍攻佔。8日，盟軍開始朝該島北部移動，並用戰車集中火力對東伯格砲臺的火砲發射口進行了猛轟，幾枚砲彈從射擊口打進了工事內部，並且引爆了德軍儲存的彈藥，巨大的爆炸宣告東伯格砲臺被攻克。就在當天，盟軍還佔領了該島另外一處重點設防地區——米德堡，約2000名守軍在維爾赫姆‧達瑟少將的命令下向盟軍投降。瓦爾赫倫島宣告解放後，盟軍的掃雷部隊隨即開始清理斯凱爾德河入口，這個工程共耗時3個星期，在120公里長的水道上共計掃

● 盟軍為迷惑德方，對加來地區進行過持續而猛烈的轟炸，圖為一片廢墟的加來。

獲水雷100餘枚。11月28日，盟軍進行了安特衛普港的通航儀式，德軍重點防護的安特衛普港最終開始發揮作用，不過此役盟軍也付出了傷亡失蹤27633名將士的代價。

## 「矛」何以勝「盾」？

希特勒苦心經營的大西洋壁壘就這樣土崩瓦解，人類歷史上最慘烈的「矛」、「盾」大戰之一就此告終。經歷十數年的潛心修煉與再武裝，固若金湯的「盾」最終還是在所向披靡的「矛」跟前敗下陣來。隨著希特勒苦心經營的大西洋壁壘土崩瓦解，人們不禁又要提起這個古老的問題：「矛」何以勝「盾」？

第一，德國在西線雖然有60個師的番號，但這些師普遍存在缺員嚴

●巨大的林德曼砲臺，位於桑加特南部。照片拍攝於諾曼第戰役結束之後，幾個加拿大士兵正在巨大的砲臺下攝影留念……

重、武器裝備陳舊的問題，一些守備師只適合定點駐防，毫無機動能力可言，各個單位間彼此協調作戰的能力受到限制。一些步兵師補充的兵源缺乏戰鬥力，大部分有經驗的老兵都已經調往東線參加對蘇作戰。事實上，缺乏充裕的人員與物資一直是德軍的主要弱點。為了應付東線1943年的夏季和冬季作戰，西線成了東線兵力補充的主要來源。1944年夏，德國國防軍一半以上的兵力被牽制在東線，共計約225萬人，占德國地面部隊總兵力的53%，而西線僅有95萬人，只占到22%。從戰鬥力上看，西線的這60個師大部分是二流部隊，而且防區遼闊、兵力分散，一些地區可以說簡直不堪一擊。

第二，缺少必要的武器裝備。德軍佈置在西線的海陸空三軍幾乎都面臨缺少裝備的尷尬情況，登陸當日，面對盟軍首波1000多艘戰艦，德國海軍只擁有少數驅逐艦、魚雷快艇以及潛艇能與之對抗；而英國皇家空軍更於6月14、15日兩天出動325架重型轟炸機攻擊哈佛港及布隆尼港的德國海軍基地，摧毀27艘快艇，並於布列斯特港附近擊沉另2艘驅逐

●正在向科唐坦半島進軍的美軍部隊。一方面因為諾曼第戰役進展順利，灘頭陣地已被拿下並得到鞏固，另一方面由於颶風的破壞，為上陸部隊提供補給的兩個大型人工港之一被毀，必須佔領一處港口解決後勤危機。

●攻入瑟堡港城區內，正和德軍發生激烈巷戰的美軍。由於其地理位置和軍事意義都很重大，所以此地的德國守軍基本抱著「戰至最後一槍一彈」的覺悟在頑抗。

艦。6月20日，美國陸航動用1500架轟炸機和1000架戰鬥機，幾乎癱瘓了德軍西線海軍的全部作戰能力。守衛海岸線的德國陸軍手中雖然有當時性能最好的機槍和「鐵拳」反戰車火箭筒，但卻沒有足夠的機槍子彈。由於前線德軍沒有足夠的車輛用於部隊機動，一些德國士兵最後乾脆騎馬行軍。

第三，對盟軍登陸地點的判斷有誤。龍德斯泰特、隆美爾以及希特勒一直都認為盟軍最有可能在加來地區登陸，儘管1944年春希特勒開始注意諾曼第和布列塔尼地區，在幾次重要會議上也提到了強化科唐坦半島防禦的問題，但並沒有付諸實際行動，只是簡單地在諾曼第海岸強化了工事。在情報戰方面，現有資料表明盟軍情報單位一直在愚弄德國人，盟軍在英格蘭東南部組建了子虛烏有的所謂「美國第1集團軍」，並通過這個「集團軍」和各單位間頻繁的無線電聯繫來誤導德軍情報單位，使其相信盟軍已準備動用這支兵力橫渡海峽。同時，在4月中旬德軍最高統帥部錯誤估計盟軍在英國的兵力有約65個師，5月間增加至70～80個師。6月底，德軍分析已登陸盟軍約有30個師之眾，但至少仍有67個師在英國南部集結待命（事實上盟軍總計只有43個師，其中13個裝甲師及30個

步兵師）。由於對敵方兵力估計過高，希特勒一直不敢動用駐紮在塞納河以北的第15集團軍主力去增援諾曼第地區。到6月29日，他仍然拒絕讓第15集團軍從加來地區調往諾曼第。直至7月底，德軍方才意識到盟軍的「第二次登陸」是不可能的。

第四，登陸日當天德方指揮體系發生嚴重遲誤。負責全盤指揮的隆美爾當時正在位於德國南部的家中，並計劃隨後前往上薩爾茨堡會見希特勒，因此對盟軍的第一波登陸毫不知情，無法對部隊作出適時調整；負責該地區防務的第7集團軍司令則因為趕赴布列塔尼地區進行視察而不在現場，也無法迅速作出反應。

第五，缺少統一的指揮。龍德斯泰特的西線德軍總部無法調動部署在西線的海空軍，而西線德軍總部與B集團軍群之間同樣也存在矛盾（主要是關於裝甲部隊的部署），西線德軍總部的指揮權在整個作戰指揮體系中被大幅削減，加上希特勒本人喜歡直接干涉下級，前線將領無法對戰況作出適時的反應，導致西線德軍總部最後幾乎成了空頭「監軍」。希特勒對一線指揮的隨意干涉使西線德軍在防禦時沒有一個像樣的機構來統一決策，指揮和作戰指導混淆不清，以至於隆美爾和龍德斯泰特沒有能夠抓住盟軍剛剛登陸、尚未站穩腳跟這個最佳時機來殲滅對手。希特勒本人更是固執地相信大西洋壁壘的防禦功能，最後正如隆美爾所料，德軍裝甲預備隊在敵人巨大海空優勢下，只能以緩慢的速度前進，而且各裝甲師所屬的後勤車輛損失慘重，沿著削弱了裝甲部隊的戰鬥力。由於被盟軍的轟炸機炸得沒有了方向，德軍裝甲部隊只能各自為戰、零星趕赴戰場，無法集中優勢兵力殲滅登陸的盟軍步兵。

在盟軍登陸後，隆美爾為了挽救敗局還在率領B集團軍群作最後的努力。但不幸的是，7月17日盟軍飛機將隆美爾打成重傷，他被迫放下手頭的工作到醫院進行治傷。至此，他已經結束了軍旅生涯。「7‧20事件」後隆美爾受到牽連，被迫於10月13日服毒自殺。作為對「大西洋壁壘」建設瞭解最為透徹的德軍高級將領，隆美爾的自殺使得他無法對大西洋壁壘的失敗做出最好的分析。不過從他在盟軍登陸後撰寫的一些報告中，我們可以得出隆美爾對大西洋壁壘的總結：

●耗費了無數物資、財富、人力、心血和生命著就的大西洋壁壘，最終也只能成為德國軍人的埋骨之處，發動戰爭剝奪他人生命的人，終將被他人剝奪生命。

一、大西洋沿岸駐守的步兵師缺員嚴重、裝備不足，工事建構尚未全部完工，後勤補給沒有能夠及時到位；

二、SS第12裝甲師部署位置太遠，無法及時發揮反擊功能；

三、裝甲教導師未部署於維爾河及奧恩河之間，離海岸線太遠，未能在登陸當天進行反擊；

四、塞納河沿岸並沒有按照計劃進行大規模佈雷；

五、沒有制空權，空軍部隊幾乎無戰機出動，地面部隊機動處處受盟軍戰鬥機和轟炸機的限制；

六、海軍幾乎沒有發揮任何作用；

七、指揮系統權責混淆不明。

不過他對防禦地區德軍的作戰還是比較滿意的。如在6月10日的報告中，他就寫道：「由於我方部隊的頑強抵抗和後續部隊的跟進，敵人的前進非常緩慢，他們估計要投入更多的兵力才能有所作為……」

戰後，德軍的高級將領對大西洋壁壘發表了自己的看法。「大西洋壁壘只不過是那些宣傳者的看板，」西線德軍總部總參謀長君特·布魯門特裏特將軍如是說：「荷蘭地區和第15集團軍駐守的海峽地區的工事都非常堅固，但在盟軍登陸時，這些工事卻都無聲無息了：工事限制了火砲的射界，使得他們無法對付從側面或後方來襲的敵人——甚至近在眼前的盟軍。而且士兵反映，工事內部的通風口設計非常不理想，空氣不能流通，嚴重影響了作戰能力。同時，整個大西洋壁壘的構造存在很多問題：縱深不夠，整個西線就靠這幾道工事防守，盟軍一旦突入，只要穿透1公里就能長驅直入；更嚴重的是，工事內配備的火砲幾乎來自歐洲所有國家，最多的是法國貨，還有比利時、荷蘭、波蘭、俄國貨，甚

至有來自南斯拉夫的。這些火砲大小不一、口徑繁雜，有些砲的年齡甚至比使用火砲的士兵還要大好多。作戰時，為這些火砲準備彈藥成了後勤部隊最棘手的問題。一旦一門火砲用完了備彈，再要到彈藥庫去尋找匹配的砲彈幾乎是不可能的。再加上盟軍遮天蔽日的轟炸和砲擊，這些工事在發射了數發砲彈後就成了擺設。」

布魯門特里特還解釋了當時西線德軍總部猜想的盟軍最可能的登陸地點：

「諾曼第和布列塔尼半島由於地形開闊、地勢平坦，我們確實曾考慮過盟軍是否會在此登陸。但考慮到此地離德國距離過遠，所以很快就沒有人再提起了。第1集團軍駐守的比斯開灣倒是一度被懷疑是否會成為盟軍理想的登陸地點，因為比斯開灣沿岸500公里長的海岸線上我們只部署了3個師的兵力，更何況其中的2個師大部分都是缺少作戰經驗的新兵。最高統帥部曾經設想盟軍是否會在最南端的西班牙或者葡萄牙登陸，但考慮到西班牙境內鐵路和公路都沒有多佛海峽沿岸密集，而且如果盟軍選擇在此登陸，他們必須穿越比利牛斯山脈，顯然這是不現實的。所以最後西線德軍總部認為：盟軍最有可能的登陸地點應該是第15集團軍駐守的加來至塞納河沿岸。」

布魯門特里特對德軍海空軍的表現失望至極，他在回憶錄中寫道：

「6月6日當天德國空軍和盟軍飛機出動的飛機之比是1：25。我們可以設想當時的情景：盟軍不僅擁有制空權，而且主宰了整個天空。西線德軍總部擁有的海軍力量也少得可憐，共計只有12艘驅逐艦、數量不詳的魚雷快艇和少量水雷。海空力量的缺乏使得我們在和盟軍的對抗中遭受了前所未有的損失。」

在盟軍方面看來，他們之所以能戰勝對手的要素為以下幾點：

第一，掌握大西洋沿岸的制空權使得盟軍在諾曼第的登陸部隊可以完全不考慮德國空軍的干擾而放心對付地面上的德軍。同時在登陸前夕，盟軍出動轟炸機將塞納—馬恩河以及南面的羅亞爾河上的橋樑全部炸毀，對德軍戰術行動與補給運輸方面均有重大影響。此時，就算德軍第15集團軍想往南移動都變得非常困難。諾曼第戰場成為一個孤立的地區，駐守在此的德軍只有挨打的份。而登陸當天

盟軍的大規模轟炸不僅摧毀了德軍大部分通信系統、造成指揮癱瘓，同樣也給德國海軍造成了較大損失。對法國公路網的轟炸使得大部分德軍預備隊在短時間內無法抵達諾曼第沿岸。

第二，有效的艦隊火砲支援。盟軍主力艦的砲火可以覆蓋諾曼第沿岸內陸20公里遠的目標，戰區內幾乎所有砲臺、砲兵陣地、掩體以及橋樑都在其射程內，並有偵察機指示目標。盟軍密集而精準的多兵種聯合火砲攻擊讓那些常年在蘇聯戰場廣袤的平原上作戰的德軍指揮官們吃盡了苦頭。除去幾艘主力艦外，盟軍還有為數眾多的驅逐艦在沿海徘徊。攜帶電臺的小股部隊一旦發現進攻受阻，立即

通過無線電呼叫戰區內的艦艇進行火力壓制。此時少則1艘、多則10數艘驅逐艦的主砲就會在陣地附近進行持續個把小時的轟擊，其密度之高超出德軍想像。在西線德軍總部的報告中，龍德斯泰特承認：除空中轟炸外，盟軍艦砲的轟擊也是阻礙德軍實施反擊的主要因素。

第三，盟軍情報人員的貢獻。無所不在的盟軍情報人員為司令部的決策做出了卓越貢獻，他們的活動使得盟軍高層能夠在第一時間獲得德軍部隊的調動和防線部署情況。盟軍在掌握制空權的情況下再派出偵察機前往可疑地區進行核實，確保情報來源的可靠性。

第四，有效的迷惑和欺騙行動。

兩崖束怒濤，萬籟鳴悲耳。披薛問行朝，緣蹊觀草市。

一後有遺陵，六師無故壘。至今崖畔石，風雨洗胡塵。

大西洋壁壘的硝煙已經散盡，但進攻與防禦、矛與盾的鬥爭還遠遠沒有結束……

380元

在整個二戰德軍與盟軍戰場大致可分為東線、西線與北非戰場,知兵堂系列叢書已發行過的《閃擊西歐》敘述的主要是:1940年5月德軍靠閃擊戰,在三周內橫掃西歐的戰史實錄,而另一本《東線》則是精選曾在《突擊》月刊中刊登過的蘇德在東線的部分戰役,本書所記述的西線戰事,則是1944年6月6日諾曼第登陸後盟軍在西線的攻防戰。

眾所周知,德軍在二戰後期於西線發動一場絕地反擊——阿登反擊戰,又稱突出部之役,該戰役已由《戰場》雜誌連載,將另外發行單行本,本書的西線戰役則側重收錄了在《突擊》所刊登的幾場經典戰役,包括發生在法國卡昂的《112高地爭奪戰》,以及在突出部戰役發動之後在西線南面發動的一場戰役的詳情,並收錄一篇1944年的亞琛戰役。事實上,在西線戰場除了地面戰役以外,盟軍空軍的優勢亦是決定勝負的關鍵。

此前知兵堂曾單獨針對西線夜間空戰的部分發行一本《血色夜空》,詳細記述了當時夜間空戰的詳情。二戰西線的夜戰開創了電子戰的先河,《血色夜空》亦是華文戰史中第一本記述夜間空戰的書籍。而本書收入的空戰內容主要收錄了在《突擊》所刊登的《西歐空戰的轉捩點》以及《B-24轟炸柏林》兩篇文章,此外又有一篇《二戰盟軍空襲德勒斯登》,1945年2月14日-15日,盟軍出動了近1,500架次轟炸機對這個擁有近800年歷史的古城進行了無情的轟炸,本篇即記錄了當時轟炸的完整紀實。

320元

國軍歷史以來，自1924年成立黃埔軍校，1925年將各地建國軍及黨軍改稱為國民革命軍，歷經北伐、剿共、抗戰至國共內戰，共組建了158個軍，由於在組建中軍閥派系林立以及地方勢力的整合，雖然都稱為國軍，但實際上部隊素質參差不齊，武器裝備及人員編制亦不完全統一，在加上番號在演變的過程常有取消後又重建，所以在研究國軍軍史時易有混亂及時空錯亂等情形發生。

知兵堂一直致力於將國軍部隊做一有系統的整理，除了已用特刊形式發行的74軍、52軍、新一軍及35軍外，並在一年半前在突擊月刊以連載的方式陸續刊登軍級單位的戰史，目前已累積相當的文字量，將以系列方式結集成冊，並以一年至一年半的頻率出版。

| 嫡系部隊 | | 粵軍 | |
|---|---|---|---|
| | 第 10 軍 | | 第 64 軍 |
| | 第 13 軍 | 川軍 | |
| | 第 71 軍 | | 第 20 軍 |
| | 第 89 軍 | | 第 45 軍 |
| | 第 97 軍 | 滇軍 | |
| 東北軍 | | | 第 60 軍 |
| | 第 53 軍 | | 第 58 軍 |
| | 第 57 軍 | 晉軍 | |
| 陝軍 | | | 第 32 軍 |
| | 第 38 軍 | | 第 35 軍 |
| 西北軍 | | | |
| | 第 40 軍 | | |

# 中國古戰史

# 江山北望

漢朝時期，飽受北方遊牧民族騷擾之苦的漢族政權，對胡人發動了幾次強而有[力]的反擊，予以匈奴重大打擊。長期以來，中原漢文明不斷與周邊發生衝突、交流、[融]合。其中以始於西晉末年的五胡亂華，給漢人帶來了極大的災難，本書收錄之《[胡]兒西北有神州-五胡十六國之漢族樂土前涼》，對這一時期的黑暗與混沌作一深入探[討]。

隋朝國力盛極一時，一時之間周邊諸國紛紛臣服，唯東北高句麗桀驁不馴，拒[不]服，欺凌隋諸附屬國，遂引發橫跨兩個朝代的隋唐征高麗戰爭。隋朝國祚不濟[，]而亡，征伐高麗未遂其志。有唐以來，國力強盛，四處開疆，征高麗即是其中成[功]典範。本書收錄的《江山北望-隋唐征高麗戰史》就是對這一時代的征伐與融合過[程]一還原。

唐代是中國古代實力最為強大的時期，不論是軟實力（文化的吸引力、外交政[策]親和力）還是硬實力（軍事力量）。唐代對西域的擴張與經營，在前期是很成功[的]中期以後，由於新興的吐蕃帝國長期對峙以及阿拉伯帝國對中亞的浸染，漢文化[勢]逐漸式微。本書收錄之《大漠孤煙直》、《長河落日圓》二篇文章就是唐代對西[域]征伐與經略的史實深入探討。

盛唐結束之後，漢文化未再出現唐時風光。經歷五代十國的戰亂，北宋形成的[版圖]已經大幅縮小。然而統一中原之後的宋王朝，實行強化中央集權的策略，也造成[軍事]上的積貧積弱的局面，與遼夏金作戰一直處於不利態勢。本書所錄《何必桑乾方是[遠]中流以北即天涯-南宋經典戰役剡家灣大捷前後淺述》即是對南宋西北部邊防戰略[佈局]的分析，有別於一般的贏弱印象，作者論述宋朝其實是有中興的實力與機會的。

明朝的疆界一度隨成祖北伐而得以恢復和擴張，但很快又陷入對峙，遼遠的北[方]對中原文化一直是個神秘的威脅。然而這時候，曾經和唐朝軍隊交過手的日出之國，開始以海盜的型式襲擾東部沿海，搶劫人口財物，殺人越貨，無惡不作，東部沿海人民飽受其害。其間明朝湧現出許多抗倭名將，發展出有效抵抗倭寇的戰術戰法，使倭寇的危害大為減輕，但是始終無法根除。倭亂最後是終結在其國內原因。直到明末，倭寇的襲擾才隨德川幕府鎖國令的實行而告終止。本書的《海之怒--倭亂三百年》就是對這一時期歷史的解讀與反思。

本書選取幾個歷史時期，試圖一窺古代中國文明在世界中的地位，她的文化，她的豐富，她在漫長的歷史中走過暴風驟雨與寧靜祥和。書中配有大量反映當時文化特徵的圖片，因此遠不止是一部戰爭史。呼吸歷史，能更清醒地認識現在，展望未來。

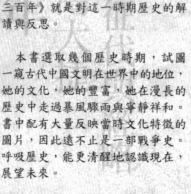

一月中旬上市
全省連鎖書局
各大書局均售

# 永遠的雄貓 F-14

## 「雄貓」重型艦載戰鬥機

1970年12月21日的午後，美國紐約長島格魯曼公司卡維頓試飛基地，一架體形龐大的戰鬥機緩緩地在飛行跑道上開始發動起來。是的，它就是格魯曼公司的傑作，F-14「雄貓」重型艦載戰鬥機，日後成為了可變後掠翼戰鬥機設計的經典。在格魯曼公司首席試飛員Bob Smyth和專案試飛員William Miller的共同駕駛下，F-14戰鬥機在太陽落山之前進行了約半個小時的首次空中飛行測試，然後平穩的降落在跑道上。這次成功的試飛標誌著F-14專案開始全面實施，同時也標誌著美國海軍航空兵一個長達三十餘年的「雄貓」時代的開始。

### 精彩內容

**F-14雄貓發展史／F-14雄貓作戰史／F-14雄貓中隊史**

**F-14塗裝欣賞／F-14布章賞**

**格魯曼航空工業公司簡介／戲裡戲外話「雄貓」**

**F-14常見問題Q&A**

# 突出部之役
## 阿登反擊單

西諺有云：陷阱上不要忘記放一塊金幣。

1944年末的西線戰場，盟軍節節進攻但已成強弩之末，德軍步步後退但精銳尚存，西線戰場出現了非常微妙的局面，

儘管盟軍實力雄厚，但不小心犯下的錯誤依舊會讓他們在陰溝裡翻船。對信奉力量在於進攻的希特勒而言，

如果能抓住機會奮力一搏，突然出擊在盟軍的軟腹上狠狠打上一拳，讓盟軍來個內出血，

也許會讓西線戰場出現對德國極為有利的局面。與自信的希特勒相比，

盟軍領導人就很難樂觀起來：義大利戰場膠著，荷蘭方向的作戰行動在"市場-花園"之後已經陷入泥潭，

在阿登高原南北方向展開的攻勢困難重重，躲在西牆背後的德軍猶如一支蜷縮的刺蝟，令人無處下嘴。

如果能讓德軍在西線最後的機動力量走出西牆，盟軍只要反應及時就完全可能將其在運動中消滅，

通往德國本土的大門將轟然打開。這是一個大膽的想法，也是一個危險的想法-對攻守雙方都是危險的想法。

希特勒看到了金幣，拿下安特衛普或者消滅盟軍大批有生力量，

都能讓德軍在西線處於有利態勢，但他沒有看到金幣下面的巨大陷阱，

或者他認為自己可以在陷阱起作用前將金幣攫走。於是，一場規模宏大的戰役在阿登高原的冰天雪地中拉開了序幕……

## 小人物的戰爭

20多年前，我第一次從書本上看到了"凸（突）出部之戰"和"阿登戰役"的字眼，費了不少勁才弄明白原來這就是同一場戰役，而且對二戰中的美國陸軍來說這是場頗為艱苦的戰役。

18年前，《苦林》出現在我面前，這讓對阿登戰役的來龍去脈和大致進程終於有了初步的瞭解。

5年前，為了給德國裝甲兵上將哈索·馮·曼托菲爾寫傳記，我逐步收集了一些關於阿登戰役的資料。

4年前，一部堪稱不朽的美國電視連續劇《諾曼第大空降》和同名小說在軍事愛好者中間廣為流傳，比利時小鎮巴斯通成了突出部之役的代名詞，101空降師在廣大軍迷心中也成了美國陸軍的樣板。

影視作品的影響力是空前的，此時這場對軍事愛好者來說耳熟能詳的戰役再次引起了我的關注，我決定寫一篇關於這場戰役的系列長文，並把這一想法告訴了一些好友。這系列文章的最初構想是由索普戰鬥群、裝甲教導師、101空降師等著名部隊在阿登戰役中的戰鬥歷程，迪特裡希、曼托菲爾、巴頓等著名將領在戰役中的運籌帷幄，結合一批參戰雙方的官兵回憶錄組成。選題確定後，我立刻著手整理資料，並讓非常熟悉美國空降兵戰史的好友李星負責101空降師在巴斯通的戰鬥內容，《血色夜空》的主要作者韓磊負責"底板行動"的詳細過程。當方彪向我推薦參考美國陸軍部在1965年出版的突出部之役的官方戰史時，我以為用不了多久就能完成這系列文章，然而當工作進行起來之後，方知事情之艱難。

這是一場按部就班的戰役，儘管其中不乏戰爭藝術的閃亮之處。阿登地區糟糕的天氣和複雜的地理條件決定了戰鬥的基本模式：圍繞村鎮的進攻與防守。這裡沒有大縱深的進攻，也沒有空地一體化的防禦，有的只是一個接一個的村鎮與據點，有的只是冰雪與匱乏的物資彈藥。這一切註定了整場戰役的主角不是躲在後方指揮部裡"揮斥方遒"的將軍們，而是前線那一張張或年輕或年老或熱情或茫然或激動或驚恐的軍人面孔，這是一場小人物的戰爭。也許在歷史書上能留下名字的大都是些將星閃耀的人物，但書寫歷史的永遠是那些普通官兵。

在查閱了更多的資料之後，我越來越覺得這是一場既讓我們熟悉但又非常陌生的戰鬥，因為要把這場戰役的進程說清楚就如同在阿登冬天的濃霧中尋找一條正確的道路一樣困難。書寫歷史的是歷史中的個體，要真正瞭解歷史就要瞭解書寫歷史的個體在歷史中的作為。雙方有數十萬名官兵投入了這場廝殺，我原先的設想就是要從歷史的個體入手，從小處入手，為大家講述阿登戰役的進程，還原戰役的真實面目。事實證明，這條路難以走通，因為我們實在沒有走訪雙方參戰人員，查閱原始檔案的條件。經過一段時間的調整，我決定還是依託美軍的官方戰史，將這場戰役的全貌完全展現出來，而這是一項更加困難的工作。一本本德軍參戰部隊的戰史被我們找到，大量的個人回憶錄和其他相關資料也出現在我的案頭。

命運之門聳立在前方，誰都能造訪，真實之路卻在濃霧中，需要孜孜尋找。

二戰結束60年，關於阿登戰役的資料汗牛充棟，僅國外公開發售的關於這場戰役的各類書籍便數以百計。歷史的真實被湮沒在龐雜的歷史文獻中，要瞭解歷史首先要佔有盡可能多的材料。本書不是某本西方歷史學家著作的簡單翻譯，這是一部嚴肅的研究歷史還原歷史的著作。為了搞清楚戰鬥的進程，我通過各種途徑不惜重金從國外購買了大量的相關著作，有些書在市面上早已絕跡，要購買這些書難度可想而知。大量資料的購入為本書的最終定稿奠定了基礎，在採購資料的同時，我召集了一批志同道合的軍事愛好者著手整理其中重要戰鬥的過程和細節，可等各種資料入手，大家立即頭疼起來。

THE BATTLE OF THE BULGE
突出部之役（上）
沸騰的雪

THE BATTLE OF THE BULGE
突出部之役（下）
冰冷的火

**作者：董旻傑　每本定價：480元**

**突擊／戰場　讀者郵購特價二本：799元**

掌握資料只是第一步，資料的分析整理去偽存真才是關鍵。從來都沒想到資料繁多是最令人頭疼的事情，西方歷史研究發達，各種資料浩如煙海，但由於資料來源不同，對同一場戰鬥的敘述往往大相逕庭，到處都是盲人摸象般的敘述，如何從中梳理出清晰的脈絡著實考驗我等。為了把工作做實，一場小小的戰鬥往往要通過幾份、十幾份的材料來分析梳理，工作量之大，其中的艱辛很難為外人道也。最難的事情也許是推翻權威們的結論了。

我們沒有嚇人的頭銜，沒有顯赫的經歷，我們都是普通的軍事愛好者，只是一群小人物。如果說與他人有什麼不同的話，也許就是我們對歷史對戰爭藝術有點偏執的愛好吧。不管我們如何愛好，我們手中的資料怎麼也不能和那些專家學者的權威們

比。這些權威的著作往日被我們奉為圭臬，今天我們卻要換個角度去思考，去研究。我們寫這本書不是為了八卦爆料，我們寫出來的東西要為讀者負責，要負責就要盡可能把每一個疑點澄清，雖然這麼做意味著更加艱苦的考證，更加多的時間、金錢、人力和物力的投入。但天下事，為之則難者亦易矣，3年多時間我們堅持下來了，這本書中的每一場戰鬥基本上都做到了相互印證--參戰雙方的資料相互印證、和友軍的記錄相互印證，我們用第三者的視野盡可能地還原了這一段歷史。

對我來說，最痛苦的事情不是一個個不眠之夜，而是如何將各人的勞動成果進行整理匯總。資料繁雜，矛盾之處比比皆是，這裡既有參戰官兵的錯誤敘述，更有官方人士為了給自己遮羞或者貼金的刻意為之，不參與這個過程很難理解其中的辛苦，但我必須從中找出可能存在的歷史真相。參與整理資料工作的毛欐曾經說過，他最害怕聽到我說的話是"又有了新的發現！"這就意味著很多結論就要推翻很多工作就要重來……幸運的是，參與製作本書的朋友們從來都是二話不說立刻想辦法攻克難題，大家盡自己的最大努力來搜集並分析資料，為了一個問題在網上成宿地爭論更是家常便飯，所有的一切都是為了這本書的品質，為了一個夢想，一個承諾。

3年多的時間，這本書最終成型，回憶來時路，不勝感慨唏噓。希特勒的阿登反擊只持續了1個月，我們則用3年多的時間來勾勒、描述它。通過2年來的努力，我們基本搞清楚了整個戰役的來龍去脈和戰役進程。以時間和地點為序，以中立的觀點詳細敘述了德軍在各方向上的進攻與盟軍的防禦、盟軍的反擊與德軍的撤退過程，很多地方的戰鬥過程都詳細到了營級，通過這些敘述讀者可以清晰地瞭解這場戰役完整的發展過程，對戰爭有更加感性的認識。

如果說這本書是 完美的，那麼我自己也不會承認，天下沒有完美的人和物。我只能說，我們盡力了，我們是用心去做的，我們在積極努力地實現我們的夢想，讀者自有評判。

在本書的製作過程中，石祥、韓磊、李星、張子平、毛欐、馬文俊、朱悅、齊勇、剛寒鋒、周小康、胡燁、楊鑫、查攸吟等人都付出了艱辛的勞動，我很慶倖能認識這些朋友們。

從某種意義上說，本書的出版也意味著我們這些小人物也打贏了一場戰爭。

董旻傑

2006年12月16日
（阿登戰役爆發62週年）

國家圖書館出版品預行編目資料

大西洋壁壘：隆美爾的銅牆鐵壁 / 楊增輝作.
-- 初版. -- 臺北市：知兵堂出版，2008. 01
面； 公分, ——（知兵堂叢書. 突擊精選
系列；15 ）（突擊叢書；15 ）

ISBN 978-986-84029-1-1（平裝）

1. 防禦工程 2. 第二次世界大戰

595.2 97000555

知兵堂叢書
突擊精選系列 **大西洋壁壘—隆美爾的銅牆鐵壁**

作者：楊增輝
責任編輯：林達
封面設計：王詠堯
出版：知兵堂出版社
　　　10055 台北市中正區杭州南路一段77巷25號1樓
電話：(02) 2391-7063
傳真：(02) 3393-8526
劃撥帳號：50043784
劃撥戶名：知兵堂出版社

國內總代理：大眾雨晨圖書有限公司
地址：235 台北縣中和市中正路872號10樓
電話：(02) 3234-7887
傳真：(02) 3234-3931
E-mail：ycbook@popularworld.com

初版一刷：2008年1月

售價：新台幣320元 （缺頁或破損的書，請寄回更換）
版權所有 翻印必究